「問題解決の授業」を
日常化する！

中学校数学科の授業改善

JN022014

相馬一彦 著

谷地元直樹 著

明治図書

はじめに

　新学習指導要領では，「主体的・対話的で深い学び」を実現することが強調されています。そして，実現に向けて授業改善をすすめることが求められています。

　数学の授業で「主体的・対話的で深い学び」を実現するためには，授業改善を通して「問題解決の授業」を日常化することが一層求められます。

　日本の先生方は，これまでもいろいろな形で授業改善に取り組んできました。しかし，授業改善のすすめ方や方法は明確ではなく，多くの先生は手探りで行ってきたのではないでしょうか。

　本書では，数学の授業改善をどのようにすすめたらよいのか，そのポイントを明らかにするとともに，具体的な方法や事例を紹介します。

　著者の相馬と谷地元は，中学校現場（相馬は15年，谷地元は20年）で授業改善をすすめながら数学の授業を行ってきました。私たちのこれまでの授業実践や研究をふまえて，数学の授業改善につながる内容をこの１冊の本にまとめました。

　本書は，次の３章から構成されています。

　第１章では，これから求められる数学の授業をふまえ，数学科「問題解決の授業」について再確認しました。そして，「問題解決の授業」を日常化するためには授業改善が一層求められることを相馬がまとめました。

　第２章では，数学の授業改善のための教材研究について，「授業前」と「授業後」にそれぞれどのようなことを行ったらよいのかを谷地元がまとめ

ました。授業前の教材研究のポイントを5つ，授業後の教材研究のポイントを3つに絞って，先生方の参考にしていただけるような具体例をできるだけ多く取り入れています。

　第3章では，数学の授業改善のための具体的な取り組みを紹介しました。はじめに，授業改善のための研修や実践研究について，相馬が「4つのすすめ」をまとめました。それぞれについて，43年間の教員生活で実践したり体験したり，考えてきたことを具体例を交えて紹介しています。また，授業改善に継続して取り組んでいる5人の中学校の先生方に，「私の授業改善」についてわかりやすくまとめていただきました。

　若い先生方には，「これならばできそうだ」「自分もやってみよう」という実践をしていただき，ベテランの先生方には，ご自身のこれまでの取り組みと比較しながら，授業改善のすすめ方を見直す機会にしていただければ幸いです。

　本書が，数学の授業改善をすすめていく先生方のお役に立ち，「問題解決の授業」の日常化につながることを願っています。

　2020年1月

　　　　　　　　　　　　　　　　　相馬一彦・谷地元直樹

目　次

第2章

授業改善のための教材研究

第3章

授業改善の取り組み

第 1 章

「問題解決の授業」
の日常化と授業改善

1 「問題解決の授業」の日常化

1 これから求められる数学の授業

❶これまでの優れた授業実践を引き継ぐ

⑴ 浮き足立つことなく

　平成29年３月に学習指導要領が改訂され，中学校では令和３年４月から全面的に実施される。新学習指導要領に伴って，『中等教育資料』には次のような記述がある。※

> 　小・中学校においては，これまでと全く異なる指導方法を導入しなければならないと浮き足立つ必要は無く，これまでの優れた教育実践の蓄積を若手教員にもしっかりと引き継ぎつつ，授業の工夫・改善の取組をさらに進めていくことが重要である。

　とても重要な指摘だと思う。日本の小・中学校の算数・数学教育はまさにこの通りの現状であり，多くの「優れた教育実践の蓄積」がある。これからも，浮き足立つことなく，優れた教育実践を引き継ぎつつ，授業の工夫・改善をさらにすすめていきたい。

　これまでの教育を振り返ると，浮き足立つようなこともあった。現行学習指導要領に伴って言語活動，そして数年前からはアクティブ・ラーニングが強調され，例えばグループやペアでの話し合いを「形式的に毎時間」「できるだけ多くの時間」取り入れようとする授業も見られた。そのような授業を参観すると，算数・数学教育の目的を達成するのではなく，話し合いそのも

※文部科学省初等中等局教育課程課教育課程企画室.『中等教育資料 No.972』. 学事出版. 平成29年５月号

のが目的になっているのではないかと思われることがあった。言語活動やアクティブ・ラーニングはあくまでも指導方法のひとつであり，浮き足立つ必要はなかったはずである。

(2) 「問題解決の授業」の定着，充実

　新学習指導要領に伴って強調されている「主体的・対話的で深い学び」は，日本の算数・数学教育において「新しい」ことではない。算数・数学ではこれまでも「主体的・対話的で深い学び」を実現する授業が目標にされ，多くの実践が積み重ねられてきた。その授業は，「数学的活動を通した授業」であり，「問題解決の授業」を通して行われてきた。

　関連して，『中学校学習指導要領解説数学編』には，「通常の授業と課題学習」の中で次のようなことが書かれている。※

　通常の授業では知識を一方的に教え込み，課題学習では主体的な学習を促すということでは，これまで述べてきたような課題学習の指導の実現は難しい。通常の授業においても生徒の「主体的・対話的で深い学び」として問題解決的な学習を定着，充実させていくことが求められており，課題学習では一層その実現を図る必要がある。

　日本の中学校数学では，平成元年告示の中学校学習指導要領で新たに位置付けられた課題学習においても「主体的・対話的で深い学び」が目標にされ，「問題解決の授業」の定着，充実が強調されてきた。そして，日本の算数・数学の授業は国際的にも高く評価されているとともに，国際的な調査（TIMSS，PISA）で算数・数学は高い学力を維持してきた。

　これからの数学の授業においても，「問題解決の授業」を定着，充実させていくことが求められる。

※文部科学省.『中学校学習指導要領解説数学編』. 日本文教出版. 平成29年7月

❷数学的活動を一層充実する

(1) 中学校数学での数学的活動

　数学的活動は，平成10年告示の中学校学習指導要領で，数学科の目標の中に「……，数学的活動の楽しさ，数学的な見方や考え方のよさを知り，それらを進んで活用する態度を育てる。」として新たに盛り込まれた。

　この学習指導要領は，完全学校週5日制のもと，ゆとりある教育活動の中で自ら学び自ら考える力などの「生きる力」を育成することを基本的なねらいとするものであった。教育課程審議会の答申（平成10年7月）には，中学校数学科の改善の基本方針として次のような記述がある。

> 　生徒がゆとりをもって，数量や図形などに関する基礎的・基本的な知識を確実に理解できるようにするとともに，自ら課題を見つけ考える問題解決的な学習を積極的に進めることができるようにする。

　指導内容は厳選されたが，「生きる力」を育成するために，数学の授業では「問題解決の授業」を一層重視するとともに，数学的活動の充実を図ることにしたのである。数学的活動を通して，数学を学ぶことへの意欲を高めるとともに，数学を学ぶ過程を大切にすることが強調された。

　平成20年告示の中学校学習指導要領では，数学的活動を一層重視していくために，数学科の目標の冒頭に「数学的活動を通して」が加えられた。また，各学年の内容において数学的活動についての記述が位置付けられ，数学的活動について次のように明示された。※

　　□数学的活動とは，生徒が目的意識をもって主体的に取り組む数学にかかわりのある様々な営みを意味している。

　　□数学的活動には，教師の説明を一方的に聞くだけの学習や，単なる計算練習を行うだけの学習などは含まれない。

※文部科学省．『中学校学習指導要領解説数学編』．教育出版．平成20年9月

平成29年告示の中学校学習指導要領でも，数学科においては「数学的活動の一層の充実」が強調されている。数学の授業では，数学的活動を通して数学的に考える資質・能力が育成されるとともに，「主体的・対話的で深い学び」を実現することができるであろう。

(2) ポイントは，目的意識と主体的

　(1)で概観したように，学習指導要領が改訂されるごとに，数学的活動を一層充実することが強調されてきた。数学科の目標の冒頭に「数学的活動を通して」とあるのは，「数学的活動のない数学の授業はない」「数学的活動を通した授業を日常的に行おう」という強いメッセージであろう。

　数学的活動には，観察，操作，実験などの外的活動と，予想したり，規則性を見いだしたり，論理的に説明するなどの内的活動がある。数学では，外的活動と内的活動が関連し合いながら学習がすすめられる。数学的活動を外的活動だけに狭くとらえるのではなく，むしろ中学校数学では内的活動を大切にして，数学的活動を幅広くとらえる必要がある。

　外的と内的のどちらの数学的活動においても，ポイントは，生徒が目的意識をもって主体的に取り組むことである。「○○をつくってみよう」「△△について考えよう」と，教師がめあてを与えたり指示をするだけでは，生徒にとってその必要は感じられない。

　問題や課題について，「おや？」「なぜ？」という気持ちを引き出すことによって目的意識や必要感が生まれ，それが学習意欲につながって主体的に取り組む学習が実現されるであろう。

　これは，「問題解決の授業」においても特に大切にしてきたことである。

```
「おや？」「なぜ？」
（目的意識，必要感）
        ↓
「考えてみよう」「やってみよう」
（学習意欲）
┄┄┄┄┄┄┄┄┄┄┄┄┄┄┄
 主体的に取り組む
┄┄┄┄┄┄┄┄┄┄┄┄┄┄┄
```

❸「考えることが楽しい授業」をつくる

⑴「自分の頭で考える」ことを通して

　計算を早く正確にできるようになったり，問題の解き方を暗記することが数学の本質ではない。数学とは何かと問われれば，私は「関係を考える学問」と答えるようにしている。

　数学では，すでに学習した事柄を前提にして，それらの関係を考えることを通して問題を解決することができる。それほど多くのことを暗記しなくてもよい。仮に忘れたとしても，「自分の頭で考える」ことによって思い出したり，導き出したりすることができる。

　中学校2年「多角形の内角の和」の公式について具体的に考えてみよう。$180° × (n − 2)$という公式を忘れたとしても，「どのようにしてその公式を導いたのか」を理解していると，自分で考えて導き出すことができる。

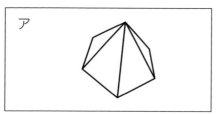
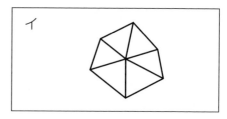

　アの図からは，$(n − 2)$個の三角形に分けられることがわかり，公式が導かれる。また，イの図からは，$180° × n − 360°$という公式を導くことができるとともに，アの式を変形するとイの式になることが確認できる。

　このように，既習内容をもとにして「自分の頭で考える」ことで学びをすすめることができるところに，数学のおもしろさがある。また，紙と鉛筆さえあれば，あとは「自分の頭で考える」だけで解決したり見いだしたりすることができるのも数学の魅力のひとつである。

　また，数学の授業では，「わかった！」「できた！」「すごい！」という発見や達成感，感動を味わうことが多い。こうした積み重ねが，「考えることが楽しい授業」につながるように思う。

⑵ 答えはひとつでも考え方や解き方はいろいろ

　大学入試の面接で，数学の教師を目指す学生から，「答えはひとつでも考え方や解き方はいろいろあることが数学の魅力」「教師になってそれを生徒に伝えたい」ということをよく聞く。いろいろな考え方や解き方があることも数学のおもしろさのひとつである。

　例えば，中学校１年「正の数・負の数の和」の次のような授業がある。※

　本時の目標は，「３つ以上の数の加法の効果的な計算方法を見いだすことができる」である。授業のはじめに提示した次のような問題について，生徒からはア〜エの４つの考え方が出された。

【問題】

　次の計算の答えをいろいろと工夫して求めなさい。

　　$(+5)+(-6)+(-8)+(+6)$

　ア．はじめの２数から１つずつ順に加える。

　イ．はじめの２数とうしろの２数をそれぞれ加える。

　ウ．正の数，負の数どうしをまとめて計算する。

　エ．異符号で絶対値が等しい数（−６と＋６）を先に計算する。

　どの考え方で計算しても答えは同じになる。それぞれの考え方のよさを確認しながら，さらに「どの計算方法がよいか」をめぐって話し合いが行われた。考え方を比較しながら話し合うことを通して，「同符号どうしを先に計算する」ことのよさを学ぶこともできた。

　教師が計算の仕方をていねいに説明して練習させる授業に比べて，「考えることが楽しい授業」であったと思われる。これからの数学の授業では，「考えることが楽しい授業」を一層充実させたい。

※相馬一彦編著.『「問題解決の授業」に生きる「問題」集』. 明治図書. 2000

2 数学科「問題解決の授業」

●問題を解決することが目的ではない

(1) 目的は課題を解決すること

数学科での「問題解決の授業」は，数学的活動を通した授業を日常的に行って「主体的・対話的で深い学び」を実現するための学習指導法である。具体的にはどのような授業なのかを確認する。

「問題解決の授業」では，授業のはじめに問題を提示し，そこから課題を明確にして，個人や集団で解決に向けて考え合う学習活動が行われる。問題と課題の関係は次の通りである。

> 問題……考えるきっかけを与える問い（教師が提示する）
>   ↓
> 課題……問題の解決過程で生じた疑問や明らかにすべき事柄

問題と課題の関係について具体例をもとに考えよう。中学校3年「三平方の定理の逆」の授業のはじめに，次のような問題を提示した。※

> 【問題】
>   直角三角形になるのは，誰の三角形だろうか。
>   太郎君「4cm，7cm，8cmかな。」
>   次郎君「2cm，4cm，8cmだよ。」
>   花子さん「6cm，8cm，10cmだと思うわ。」

本時の目標は，「三平方の定理の逆を証明する必要性を理解し，証明できることを知る」ことである。問題の答えについて予想させると，3人に予想が分かれた。

※相馬一彦／佐藤保編著.『新「問題解決の授業」に生きる「問題」集』. 明治図書. 2009

実際に三角形をかいてみると，次郎君の三角形はかけないことがわかり，太郎君と花子さんの三角形は直角三角形らしいということになった。しかし，本当に直角三角形かどうかわからないことから，「実際にかかなくとも調べる方法はないだろうか」という課題を設定した。

　このように，問題を解決する過程で課題が生じる。生徒にとっての課題を引き出すためのきっかけになるのが問題である。はじめに提示する問題は，単なる例題や練習問題ではない。また，課題は本時の目標に対応する事柄であり，この課題を解決することが「問題解決の授業」の目的である。

　永田先生が「問題解決の授業は，問題を解決することを通してこの目標を実現することを目指す授業です。教師が指導の目標を実現するための知恵として，子どもの問題を解決する活動を利用すると言ってもよいでしょう。」と述べている通りである。※

⑵　本時の目標から課題，そして問題

　⑴のことから，実際に授業をつくるときには，はじめに問題を考えるということにはならない。次のような流れになる。

　　本時の目標を明確にする　→　課題を設定する　→　問題をつくる

　目標を適切に設定して，それを達成するための授業をつくることが大切である。「本時の目標と課題は一体」であり，目標が明確になれば課題は決まる。そして，生徒にとって「考えてみよう」「やってみよう」という課題が生じるような問題をつくるのである。

　なお，問題と課題は生徒にとって似たような言葉で区別がつきにくいことから，私は授業では課題という言葉を使わなかった。課題のマークを決めておいて，そのマークと課題を板書し，「今日は○○について考えよう」と，考えたり取り組んだりする課題（ねらい）を明確にして授業をすすめた。

※永田潤一郎編著．『数学的活動の授業デザイン』．明治図書．2018

❷結果だけではなく問題の解決過程を重視する

⑴ 「問題解決の授業」と山登り

「問題解決の授業」は，結果だけではなく問題の解決過程を重視する授業である。もう少し具体的に述べるならば，次のような学習指導である。

> 問題を提示することから授業を始め，問題の解決過程で新たな知識や技能，数学的な見方や考え方などを同時に身に付けさせていく学習指導

授業のはじめに教師が新たな知識を教えたり，解き方を一方的に説明して覚えさせる授業ではない。問題や課題について，生徒が主体的に取り組むことを大事にしながら学習指導を行っていく授業である。問題をきっかけにして「考えさせながら教える授業」であるともいえる。

私は「問題解決の授業」を山登りに例えることがある。山頂がその授業の目標である。山頂まで行くには，例えば次のような方法がある。※

A 「バス型」（説明中心の授業）：生徒は教師の説明を聞きながら，バスに乗って山頂に向かう。景色は見えるが，気温の変化や草花を自分の肌で感じ取ることはできない。仮に眠っていても，予定のコースを通って山頂まで連れて行ってもらえる。

B 「登山型」（問題解決の授業）：山頂はひとつでも，登山ルートはいろいろある。教師と生徒が一緒に，いろいろな発見をしながら自分の足で登っていく。そして，途中で直面する困難（授業では「課題」）を教師の指導を受けながら克服し，山頂を目指す。

C 「開拓型」（指導のない授業）：山頂を生徒に教えて，あとは自分で登山ルートを開拓して自由に登るようにさせる。教師は先に山頂まで行き，生徒に早く登ってくるように呼びかける。迷子になったり，途中であきらめてしまう生徒も多いであろう。

※相馬一彦．『数学科「問題解決の授業」』．明治図書．1997

「登山型」の授業のように，教師と生徒が一緒に歩きながら，新たな発見をしたり，感動を味わったりするような授業でありたい。生徒を励ましたり，アドバイスをしたり，わかりやすく説明したりしながら，共に山頂を目指す授業が「問題解決の授業」である。

⑵　「問題解決の授業」の指導過程
　「問題解決の授業」は，次のような指導過程を基本にした授業である。

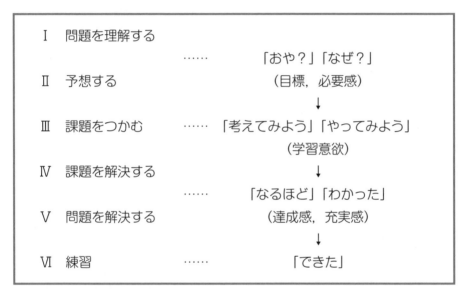

Ⅰ	問題を理解する	……	「おや？」「なぜ？」
Ⅱ	予想する		（目標，必要感）
Ⅲ	課題をつかむ	……	「考えてみよう」「やってみよう」
			（学習意欲）
Ⅳ	課題を解決する		
Ⅴ	問題を解決する	……	「なるほど」「わかった」 （達成感，充実感）
Ⅵ	練習	……	「できた」

　問題をきっかけにして生徒が必要感をもって主体的に考え，みんなで考え合うことを通して「わかった」「できた」につながっていく。
　なお，この指導過程はあくまでも基本になるものであり，Ⅰ～Ⅵの「型」に縛られるものではない。指導目標や問題の質，生徒の実態，指導時間などに応じて，軽重をつけたり変更したりするなど柔軟にとらえる必要がある。また，「問題解決の授業」では生徒が自ら考えることを大切にするが，生徒に考えさせるだけの授業ではない。授業の目標を達成するために，教師が意図的・計画的に関わっていく授業である。

❸ 「問題解決の授業」への誤解をなくす

⑴ 授業の中心は集団解決

「問題解決の授業をしたいが時間がかかる」ということをよく聞く。確かに，指導案の途中で終わってしまい目標が達成されなかったという授業を参観することも多い。

その原因のひとつに，問題や課題について考えさせるときに，生徒に考えさせる時間を長くとりすぎることがある。「問題解決の授業」は生徒が主体的に考えることを大切にすることから，次のような誤解があるように思う。

　　▲個人で考える時間をできるだけ多く与える方がよい。

　　▲生徒一人ひとりが何らかの解決ができるまで待つ。

「問題解決の授業」の中心は，前ページの指導過程の「Ⅳ　課題を解決する」ことである。課題（その授業の目標，めあて）について，互いに考え合いながら解決していく集団解決にできるだけ多くの時間をとって充実させる必要がある。そのためには，個人で考える時間を自力解決（その時間ですべての生徒が何らかの解決ができる）としてとらえるのではなく，個人思考や個人追求（途中までやまちがいであっても自分なりに考える）の時間として位置付けるようにしたい。

はじめて直面した問題や課題については，時間さえあれば解決できるということは少ない。また，「解決できるまで」を求められると，途中であきらめたり教えてもらおうとする生徒も多くなるであろう。自分なりに考えたことが目的意識をもって主体的に考える原動力となり，次の集団解決の中で「なるほど」「わかった」という納得や深い理解が得られる授業にしたい。

なお，個人思考から集団解決の間に，または問題や課題のすぐあとに，グループで考えさせる授業を参観することもある。しかし，グループでの活動そのものが目的になっている授業や，グループでの活動に時間を多くとりすぎて目標が達成されなかったという授業も多い。「問題解決の授業」は，個

人思考（長い時間をとりすぎない）のあとに学級全体で考え合う集団解決を大切にする授業である。

(2) 教科書の有効活用

「問題解決の授業は教科書を使わない授業」という誤解はないだろうか。

研究授業で「問題解決の授業」を参観すると，「今日は教科書を使わないので机にしまって」ということが20年ほど前には多くあった。また，筑波大学附属中学校に勤務していた頃，参観に来た先生から「相馬先生は問題解決の授業をしているので教科書は使っていないのですね。」という質問を受けることがあった。

私の「問題解決の授業」は，教科書を使わない授業ではなかった。むしろ，教科書を意図的，積極的に活用する授業であった。授業と教科書の関連を生徒がとらえることができないままでは，「確かな理解や定着」にはつながらないからである。

私は毎時間の授業の中で，有効かつ必要だと思われる場面で教科書を開かせるようにしていた。例えば次のような場面で活用することが多かった。

☆授業である程度解決したところで，「教科書ではどのようにまとめているのか見てみよう」と教科書を開いて確認し，囲みをつけたりアンダーラインを引かせる。

☆課題の解決に行き詰まったときに，「教科書ではどのように説明しているのか見てみよう」と教科書の説明をヒントにして再び考える。

☆「教科書で証明の記述を見てみよう」など，例として示されている記述を確認して定着を図る。

教科書の活用として，私が活用例を8つにまとめたものがある。※

また，教科書の活用については，第2章1項のポイント2で具体的にまとめている。参考にしていただきたい。

※相馬一彦．『数学科「問題解決の授業」』．明治図書．1997

❹問題を工夫する

(1) 複雑ではなくシンプルな決定問題

　先に述べたように，「問題解決の授業」の目的は問題を解決することではない。問題を考えるきっかけにして，課題を解決することが目的である。

　例えば中学校2年「文字式の利用」で，はじめに次のような証明問題を与えても，生徒にとってこの証明を考える必要性はあまり感じられない。

【問題】
　連続する3つの整数の和は，3の倍数になることを説明しよう。

　それに対して，次のような問題を与えると，「3の倍数になりそうだ」という予想が生徒から出され，上の証明問題が生徒自身の課題となる。

【問題】
　連続する3つの整数の和には，　　　$1+2+3=?$
どのようなことがいえるだろうか。　　$2+3+4=?$

　このように，授業のはじめに与える問題は，複雑ではなくシンプルな決定問題を与えることを基本にしたい。決定問題は，特別な問題ではない。教科書や問題集によくある問題を「～はいくつか」「～はどれか」「～は正しいか」「～はどんなことがいえるか」など，結果を問うタイプにした問題である。問題文や問題場面を複雑ではなくシンプルな問題にすると，問題の理解が容易になり，以後の授業展開にもゆとりが生まれる。

　なお，興味・関心を引き出すために，日常の事象やゲーム的な要素を取り入れた問題を与えることもある。日常やゲームのおもしろさに興味・関心が向いて，そこから数学の課題につなげることが難しい授業を参観することがあった。また，場面設定が複雑で，問題を理解したり，問題を読むことに時

間を費やしてしまう授業もあった。「考えることの楽しさ」や「数学のおもしろさ」の世界に，生徒を早く導いてやりたい。

(2) 予想と関心・意欲

　「問題解決の授業」では，問題について予想させることが多くある。数学の授業での予想とは，

<u>問題の結果や考え方について見当をつけること</u>

である。前ページの問題について，どんなことがいえるかを予想させると，

　　・3の倍数になる　　　　　　　・答えが偶数，奇数の順になっている
　　・真ん中の数を3倍すると答えになる

などの予想が出される。何らかの根拠をもって論理的に予想する生徒もいる。直観的に予想する生徒，または当てずっぽうで予想する生徒もいる。

　予想では，「正しい予想」を求める必要はない。当てずっぽうであってもよい。予想することによって，「自分が予想したことは正しいのか？」ということに最後まで関心をもって，意欲的に取り組む生徒が多くなる。同じことを考えるにしても，「○○について考えなさい」と指示されて考えるのと，「予想した○○について考えよう」と自ら考えることには大きな違いがあるように思う。予想は，生徒の関心・意欲を高めることにもつながる。

　問題によっては，「異なる予想」ではなく「みんなが同じ予想」ということもある。そのときは，「みんなの予想が本当に正しいのか確かめよう」という展開にすればよい。はじめから「○○を確かめよう」という問題を提示して予想させない授業と比べて，「考えることが楽しい」授業になるであろう。

　なお，予想は「見通し」を立てることとは違う。私は，数学の授業で見通しを立てることを生徒に求めたことはなかった。「見通しは立たない」「見通しが立ったから次の問題を考えよう」ということになるからである。数学や日常生活において，私たちがはじめての問題に直面したときでも，はじめから見通しが立つことは少なく，予想する（見当をつける）ことから考え始めることが多い。数学の授業でも，こうした自然な流れを大切にしたい。

3 日常化することの大切さ

❶ 「問題解決の授業」は毎時間できる

(1) 計算練習の時間での「問題解決の授業」

　「問題解決の授業は，毎時間はできない」ということを聞くことがある。時間がないからできないということなのだろうか。授業の目標や内容によってはできないことがあるのだろうか。教師が一方的に説明するだけの授業や単なる計算練習だけの授業でなければ，それは「問題の解決過程を重視する授業」であり，毎時間できる（日常化しなければならない）はずである。

　例えば定着を目標とする計算練習の時間であっても，私は「問題解決の授業」を行った。計算プリントをつくり，ストップウオッチで時間を計って計算練習に取り組ませても，量をこなして○×をつけるだけの「単なる計算練習」にはしなかった。

　例えば授業の途中で，生徒が活動する次のような機会を設けた。

　　・計算のつまずきを取り上げて共有する。
　　・なぜそのように計算できるのか説明する。
　　・ノートや教科書を開いて既習内容を確認する。

　これまでの授業で学習してきた計算の考え方を確認したのである。技能だけではなく，考え方の復習である。少しでもこのような学習活動を取り入れることによって，「忘れていた」「そうだったのか」という生徒の声も聞かれて，量だけではない質的な定着を図ることができたように思う。このような授業も「問題の解決過程を重視する授業」である。

　「問題解決の授業」は知識・技能の定着を軽視する授業ではない。意味や考え方の理解も伴った知識・技能の定着を大切にする授業である。計算練習などの知識・技能の定着を目標とする授業であっても「問題解決の授業」を日常化したい。

⑵ 「問題解決の授業」と数学的活動

　「問題解決の授業」は，授業の目標を達成するために，生徒が目的意識を
もって主体的に取り組む「数学的活動を通した授業」でもある。数学的活動
を通した授業についても，毎時間はできないのであろうか。

　現行学習指導要領「数学科の目標」の冒頭には「数学的活動を通して」と
いうことが位置付けられ，数学科の目標を達成するためには数学的活動を通
した授業を毎時間行うことが明示されている。先に述べたように，「問題解
決の授業」は，数学的活動を通した授業を日常的に行って「主体的・対話的
で深い学び」を実現するための学習指導法である。「問題解決の授業」を数
学的活動と関連付けてとらえ，日常化したい。

　一方，「問題解決の授業を日常的に行いたいが，基礎・基本が身に付いて
いなければ難しい」ということを聞くこともある。そして，「まずは，てい
ねいに教えて基礎・基本を定着させる」指導をしているという。

　30年以上前になるが，私は次のようなことを書いた。※

> 　私たちはこれまで，あまりにも「基礎」から一歩一歩ていねいに教え
> ようとしすぎてきたのではないだろうか。 －略－ 　しかし，このこと
> が，逆に生徒に考える楽しさや問題解決の充実感を味わわせず，受け身
> 的な生徒をつくってしまうのではないだろうか。

　この考えは，今も変わらない。基礎・基本だからこそ，結果や方法を説明
して覚えさせるだけではなく，意味や考え方の理解も伴った基礎・基本の定
着を図ることが重要であろう。

　授業のはじめに出会う問題をきっかけにして，生徒が目的意識をもって主
体的に考え合うことを通して基礎・基本を身に付けさせる「問題解決の授
業」を日常化することが一層求められる。

※相馬一彦．「問題の解決過程を重視しよう」『数学教育 No.281』．明治図書．1983

❷数学の授業が楽しくなる

⑴　数学を学ぶ楽しさ

　中央教育審議会答申では，算数科・数学科における成果と課題について，次のように示されている。※

> 　TIMSS2015では，小・中学生の算数・数学の平均得点は平成７年（1995年）以降の調査において最も良好な結果になっているとともに，中学生は数学を学ぶ楽しさや，実社会との関連に対して肯定的な回答をする割合も改善が見られる一方で，いまだ諸外国と比べると低い状況にあるなど学習意欲面で課題がある。

　国際数学教育調査の結果などから，長年このような課題が指摘されてきた。数学を学ぶ楽しさを味わわせ，学習意欲を高めることが求められる。
　数学の授業では，本来，次のような場面が多いはずである。

> 　発見　……「見つけた」
> 　感動　……「すごい」「うまい」「なるほど」
> 　達成感……「できた」「わかった」

　このような気持ちの積み重ねが，数学を学ぶ楽しさにつながるように思う。教師が一方的に説明したり練習を繰り返すだけの授業では，数学を学ぶ楽しさの実現は難しい。
　「問題解決の授業」を日常化することは，数学を学ぶ楽しさに対して肯定的な回答をする生徒がさらに多くなることにもつながるであろう。数学の授業を通して，「考えることが楽しい」という生徒を育てたい。

※中央教育審議会答申．平成28年12月

⑵ 考えることの楽しさ

　数学には，次のような特性がある。

　考え方がみえる……式や図などをみると考え方が伝わる
　根拠がみえる　……既習内容の何を使ったのかはっきりしている
　過程がみえる　……式変形や証明の記述などから過程が明確にわかる

　このような特性をもつ数学では，既習内容である定義や定理，公式などの前提さえ共通に確認すると，あとは論理的に考えて「正しい」「正しくない」がはっきりする。誰もが納得できる説明になる。

　また，このような特性から，数学では既習内容をもとにして論理的に考えると，「答えはひとつでも考え方はいろいろ」ということが多い。

　例えば図形の証明の授業では，どのような補助線を引くかによって，いろいろな考え方で証明できることがある。それぞれの証明について，どのような既習内容を使ったのかを確認しながら論理的に考えていくと，考え方や根拠や過程が明確にみえることから，誰もが納得することができる。

　「問題解決の授業」では，問題や課題の解決過程で「考え方や根拠や過程がみえる」ようにすることを大切にしている。そのためには，板書がポイントになる。私は，考え方を黄色で板書し，根拠は黄色で囲むことが多かった。また，主な発問を板書して，授業の流れが見えるようにした。「考え方や根拠や過程がみえる」板書を見ながら，よりよい考え方や解決の仕方を求めて，みんなで考え合う授業をすすめた。

　数学の授業では，「できた」「わかった」「おもしろい」などの声が聞かれることがあるが，そこには，「考え方や根拠や過程がみえる」という数学の特性が関わっていることが多い。

　数学の特性を生かした「問題解決の授業」を日常化することが，「考えることが楽しい授業」につながるように思う。

2　一層求められる授業改善

1　授業改善から授業力向上，学力向上

❶授業改善を通して授業力を高める

⑴　必要とされる授業力

　「問題解決の授業」は，教師の授業力が求められる授業である。説明中心の授業や教科書どおりに教える授業に比べて，授業力がなければ「問題解決の授業」を日常的に行うことは難しい。

　では，どのような授業力が求められるのだろうか。「問題解決の授業」をすすめる中で特に必要とされる授業力は，次の2点であろう。

☆1　生徒の考えを把握して授業に生かす力

☆2　適切な発問をして生徒とやりとりをする力

　生徒が主体的に考えることを大切にしつつ，本時の目標を達成する授業を実現するためには，このような授業力を高めることが求められる。

　教育実習での学生の授業を参観すると，「問題解決の授業」を意図した学習指導案を作成しているのに，☆1や☆2の授業力がないばかりに「問題解決の授業」ができなかったということが多い。

　☆1に関連して，例えば次のような授業場面がある。

●生徒の考えを把握しないまま，挙手をした生徒の中から指名をして考えを発表させる。本当はもっとあとで取り上げたかった考えが先に出たり，この授業では取り上げない予定だった考えが出てしまったりして戸惑う。

●考えがすすまない生徒の個別指導に集中するあまり，授業に生かすことができる「よい発想」をしている生徒の考えや「予想外の考え」を把握していない。

●どこでつまずいているのかを把握すると，途中でそれを取り上げて全体で確認することによって生徒の思考が促されることが多いが，「つまずきを把握する」という視点がない。

☆2に関連しては，例えば次のような授業場面がある。

●「〜を書きなさい」などの指示はできるが，「〜はなぜですか」「〜にはどうすればいいですか」など，考え方を問う発問ができない。

●生徒が答えを発表したり説明したあとで，「いいですね」「つまり〜ということです」など，すぐに教師が繰り返し説明してしまう。

●「〜の意味はわかりますか」「〜で困っていることはありませんか」など，生徒に問い返すことを通して全体で確認や共有をすることができない。

　ここで例示したような●を改善して，☆のような授業力を高めることが「問題解決の授業」を日常化する上で求められる。

(2) 学習指導案における検討事項

　授業力について，「教師になって授業経験を積めば授業力はつくだろう」という学生がいる。果たしてそうだろうか。授業経験は豊富であっても，授業力が伴わないことから「問題解決の授業」ができない先生もいる。授業改善を通して授業力を高める必要がある。

　そのためには，日常的に指導案を作成するのは勿論のこと，特に次の3点を十分に検討して指導案に書いておくことが大切である。

□問題提示の仕方　　□多様な見方や考え方の取り上げ方　　□主な発問

　これらは，授業の中で瞬時に考えるだけでできるものではない。この3点が曖昧なままで「問題解決の授業」はできないといっても過言ではない。これらをしっかり計画した上で授業を行うことによって，「問題解決の授業」を日常化することができる。

　さらに，実施した授業をふまえて，次の学級や次年度の授業に向けた改善点などを指導案にメモとして残しておくようにしたい。このような授業改善の積み重ねが授業力向上につながるであろう。

❷授業改善が学力向上につながる

⑴ 「確かな学力」の定着

　学力向上のためのいろいろな取り組みが，地域や学校などで行われている。

　これまで求められてきた学力，そしてこれからも求められる学力は「確かな学力」である。平成10年改訂の学習指導要領に伴って強調された「生きる力」の知的側面として打ち出された「確かな学力」では，

　　　○知識・技能　○思考力・判断力・表現力　○関心・意欲・態度

が学力の三要素として示された。そして新学習指導要領では，「生きる力」をより具体化して，育成を目指す資質・能力を三つの柱に整理している。

　知識・技能だけにとどまらない「確かな学力」は，教師が一方的に説明したり，練習を繰り返すだけの授業では育てることができない。数学の授業を通して，学力の三要素をバランスよく同時に育てていく必要がある。「問題解決の授業」は，それを実現するための学習指導法でもある。

　中学校で教えていた頃，私は次のようなことを実現するための学習指導として，「問題解決の授業」を日常的に行っていた。※

- ・計算力などの基礎的な知識や技能に加えて「考える力」を基礎学力として位置付けることが大切である。
- ・基礎学力としての知識や技能と「考える力」を切り離すのではなく，同時に定着させていくことが大切であり，そのためには「問題解決の授業」が有効である。
- ・基礎だから理屈抜きで覚えさせればよいのではなく，基礎だからこそ，考えさせながら時間をかけて指導することが求められる。

　30年以上前ではあるが，求めていた学力に変わりはない。「問題解決の授業」を日常化することを通して「確かな学力」を育て，定着させたい。

※相馬一彦.「「基礎学力」の見直しを」『数学教育 No.337』. 明治図書. 1987

⑵ 学力向上のための授業改善

　中央教育審議会答申をふまえ，新学習指導要領改訂の基本的な考え方がまとめられている。その中で，授業改善について次のように強調されている。

・「主体的・対話的で深い学び」の実現に向けた授業改善を推進することが求められる。

・これまでの学校教育の蓄積を生かし，学習の質を一層高める授業改善の取組を活性化していくことが必要である。

・授業の方法や技術の改善のみを意図するものではなく，児童生徒に目指す資質・能力を育むために「主体的な学び」，「対話的な学び」，「深い学び」の視点で，授業改善を進める。

　「確かな学力」の定着，「主体的・対話的で深い学び」の実現に向けた数学科での授業改善は，これまで述べてきたように「数学的活動を通した授業」の一層の充実であり，そのためには「問題解決の授業」を日常化していくことが求められる。

　「問題解決の授業」を通して育つ「確かな学力」は，一時的な定着にとどまらない，長期的に定着する「確かな学力」である。

　例えば，14ページで取り上げた「多角形の内角の和」を求める公式「$180° \times (n-2)$」は，教師が一方的に説明して覚えさせる授業をしたとしても，一時的，短期的には知識として定着するかもしれない。しかし，「問題解決の授業」を通して「主体的に考えながら身に付けた知識」は記憶に残り，長期的に定着するであろう。また，仮にこの公式を忘れたとしても，公式の意味や導いた過程を理解していれば，自分で考えて再び導き出すことができるであろう。学力向上のポイントは，授業改善である。

2　数学の「よい授業」の実現

❶数学の「よい授業」を探究する

　学校教育の中心は教科指導である。「よい授業」を実現することを通して，「確かな学力」を定着させる必要がある。

　では，数学の「よい授業」とはどのような授業なのだろうか。日本の算数・数学の授業は「よい授業」として国際的に評価されているが，改めて問われると共通する明確な答えはない。

　そこで私たちは，数学の「よい授業」とは何かを問い直し，次のⅠとⅡが同時に達成される授業を数学の「よい授業」とした。※

　　Ⅰ　生徒が主体的に取り組み，考え続けている授業
　　Ⅱ　目標が適切に設定され，それが達成される授業

　そして，「よい授業」を行うための要件として，次の①〜③が特に重要であることを指摘した。

　　［要件①］　本時の目標を明確にする
　　［要件②］　問題と問題提示の仕方を工夫する
　　［要件③］　考えの取り上げ方を工夫する

　このような授業は，教師が一方的に説明して覚えさせたり，練習を繰り返すだけの授業では実現できない。「問題解決の授業」を日常化することが求められる。数学の「よい授業」の実現に向けて，「よい授業」を探究しながら授業改善を一層すすめたい。

※相馬一彦・国宗進・二宮裕之編著. 『数学の「よい授業」』. 明治図書. 2016

❷「主体的に考え続ける授業」をする

(1) 「主体的な学び」のための予想

　数学の「よい授業」として挙げた「Ⅰ　生徒が主体的に取り組み，考え続けている授業」（主体的に考え続ける授業）は，新学習指導要領で強調されている「主体的・対話的な学び」にもつながる。主体的に考え続ける授業を実現するためには，授業に予想や比較を取り入れることが有効であろう。

　予想は，「主体的な学び」の原動力になる。※

　例えば，中学校３年「平方根の加法，減法」の次のような授業がある。

　本時の目標は，「平方根の加法，減法の計算の仕方を理解する」である。授業のはじめに次のような問題を提示して，このように計算してよいかどうか予想させた。

【問題】

$\sqrt{2}+\sqrt{8}=\sqrt{2+8}$ と計算してよいだろうか。

　予想は，「よい」「よくない」「わからない」という３つに分かれた。平方根の乗法で学んだ「$\sqrt{a}\times\sqrt{b}=\sqrt{a\times b}$」から類推して，「よい」と予想する生徒が多い。

　自分なりに予想することによって，生徒は自分の予想が正しいかどうかを明らかにしたいという気持ちになる。また，この問題のように「異なる予想」が出た場合には「どれが正しいのだろうか？」という気持ちが生じて，学習意欲は一層高まる。そして，正しいかどうか「理由を考えてみよう」という，考え方を追求する学習が始まる。

| 予想 | → | 「どれが正しいのだろうか？」 | → | 「考えてみよう」 |

　予想がきっかけになって，予想したことが正しいかどうかを確かめたり，目的意識をもって主体的に考え続ける「主体的な学び」が始まるであろう。

※相馬一彦編著.『数学科「問題解決の授業」ガイドブック』. 明治図書. 2017

⑵ 「対話的な学び」のための比較

　比較は，「対話的な学び」の原動力になる。

　前ページの授業で，少し時間をとって考えさせると，「よくない」という声が多くなる。そして，「よくない」理由として，例えば次のような考えが出される。

- ・それぞれの近似値を求めて比べる

  　　　左辺＝1.41＋2.83＝4.24　　右辺＝$\sqrt{10}$＝3.16

- ・2と8ではない他の数値で考える（この考えをもとに，成り立たないことを示すには反例を挙げればよいことをおさえる）

  　　　$\sqrt{4}+\sqrt{9}=2+3=5$　　$\sqrt{4+9}=\sqrt{13}$

- ・計算して比べる

  　　　左辺＝$\sqrt{2}+\sqrt{8}=3\sqrt{2}$

  　　　右辺＝$\sqrt{2+8}=\sqrt{10}$

　それぞれの考えを比較することによって，「どれが正しい？」「どれが簡単？」「どれがわかりやすい？」という気持ちになり，次のような意見をもとに話し合う活動が行われる。また，隣同士で話し合ったり，グループで話し合ったりするなどの「対話的な学び」が始まる。

- ・乗法の「$\sqrt{a}\times\sqrt{b}=\sqrt{a\times b}$」と同じように考えたが，近似値を比べると「よくない」ことがわかった。
- ・他に反例が見つかった。

  　　　$\sqrt{9}+\sqrt{16}=3+4=7$　　$\sqrt{9+16}=\sqrt{25}=5$

- ・$\sqrt{2}+\sqrt{8}=3\sqrt{2}$のように計算できるのはなぜ？

　仮に比較することがなく，正しい考え方がひとつだけならば，それを理解して覚えようという学習が中心になり，「対話的な学び」にはなりにくい。

　比較がきっかけになって，自分が考えたことと他の人の考えを比べながら話し合う「対話的な学び」が始まるであろう。

❸ 「目標が達成される授業」をする

(1) 目標が達成されない授業

　数学の「よい授業」として挙げた「Ⅱ　目標が適切に設定され，それが達成される授業」（目標が達成される授業）は，新学習指導要領で強調されている「深い学び」につながる授業である。

　「深い学び」が実現できたかどうかのポイントは，その授業の目標がしっかり達成されたかどうかである。目標が達成されない授業は，「深い学び」ができたとはいえない。

　次の■のような，目標が達成されない授業を参観することもある。

■時間がなくなって途中で終わってしまう授業

　例えば「柱体の体積の求め方を理解し，求めることができる」という目標の授業で，求め方を理解することはできたが，求めることができることは達成できなかったという授業である。

　問題や課題についての個人思考（自分なりに考える）の時間を長くとりすぎたり，グループでの話し合いに多くの時間がかかり，指導案の途中までで終わってしまう授業である。

■設定した目標とは異なる目標の達成になった授業

　指導案で設定した目標が途中で変わってしまう授業である。○○を課題にすることにしていたが，生徒が△△を考えたいということになったので課題を変更したり，予想外の生徒の反応が多かったので目標を□□に変えたという授業である。

　目標が達成されてこその「深い学び」である。設定した目標が達成される授業を行う必要がある。ただし，大事な前提がある。それは，「目標が適切に設定される」ということである。授業後の研究協議で，「目標は達成されたが，この目標でよかったのか」「目標は○○にすべきではなかったか」ということが検討されることもある。

　「適切に設定された目標がしっかり達成される授業」を行うために，教材

研究を深めることが求められる。

(2) 「本時の目標」あっての授業

　三平方の定理の授業（第1時）では，「本時の目標」をどのように設定したらよいだろうか。例えば，次のような目標が考えられる。

　　ア　三平方の定理に興味・関心をもつ。
　　イ　三平方の定理を見いだすことができる。
　　ウ　三平方の定理の意味を理解する。
　　エ　三平方の定理が証明できることを知る。
　　オ　三平方の定理を証明することができる。

　どの目標を設定するかによって，授業は大きく変わる。単元の目標，前後の系統，生徒の実態などを十分に吟味して，その授業の目標を適切に設定する必要がある。「本時の目標」が明確になれば，それを達成するためにどのような指導を行えばよいかを考えればよい。

　授業は教師の意図的・計画的な営みであり，「本時の目標」があってこその授業である。指導案作成の段階で「本時の目標」を適切に設定し，それを達成するために，

　　　・生徒に考えさせる時間をどの程度とるか

　　　・どの考えをどのような順に取り上げるか

などについて検討し，指導案の留意点に書いておくようにしたい。なお，留意点には書いたものの，授業中に机間指導をすると，「生徒に考えさせたり話し合わせたりする時間をどこで区切るのか」「予想外の生徒の考えも取り上げるかどうか」など，判断や選択に迫られることもある。こうした判断や選択の規準になるのも，やはり「本時の目標」である。

　目標が達成される授業を行い，数学の「よい授業」を実現したい。そのためには，授業改善を継続することが求められる。授業改善のための教材研究を深めたい。

3 授業への教師の関心・意欲

❶教師が教材研究を楽しむ

　「問題解決の授業」を日常化することや授業改善が一層求められることを述べてきたが，そのためには，数学の授業に教師自身が関心・意欲をもって取り組むことが重要であろう。

　「教師は教材研究の深さだけの授業しかできない」という名言がある。まさにその通りである。授業改善のためには深い教材研究が求められる。その前提として，教師が教材研究を楽しむことを大切にしたい。

　教材研究は奥深くゴールはないが，授業での生徒の反応を想像しながら教材研究をすることは楽しい。例えば次のような楽しみがある。

◎「問題」づくり

　生徒にとって必要性を伴う「課題（めあて）」を引き出すための「問題」をつくることは，数学では大事な教材研究である。中学校で教えていた頃，私は通勤電車の中で「問題」を考えることが多かった。「問題の数値を○○にしたが，△△とどちらがよいだろうか」「もっとよい問題はないか」など，「問題」を考える時間は楽しかった。

◎先行実践との比較

　数学教育の本や雑誌などには，いろいろな授業実践が紹介されている。私は，自分が指導案を作成してから，紹介されている先行実践との比較をすることが多かった。はじめに比較するのは，「本時の目標」と「問題」であった。「なるほど！目標はこのように設定した方がよい」「問題は似ているが，どちらの数値がよいだろうか」など，比較を通して学んだり気づくことは楽しい時間であった。

　教材研究を通して「本時の目標」と「課題」，そして「問題」「主な発問」が決まると，「生徒はどのように反応するだろうか」「どのような考えが出るだろうか」など，早く授業をしたくなる。教材研究を楽しみたい。

❷生徒の関心・意欲も高まる

　25年も前になるが，私は「授業への教師の関心・意欲が生徒の関心・意欲を高めることにつながる」として，次のようなことを書いた。※

　生徒は教師の姿勢を敏感に感じとる。授業でも「先生がよく工夫してくれている」「一生懸命教えてくれている」ということは生徒に通じる。

　関心・意欲を高める授業を創造しようとするとき，関心・意欲を生徒にだけ求めても実現は難しいだろう。教師自身が関心・意欲をもって授業に臨むことこそが，今，求められているように思う。

　例えば，教師自身の次のような姿勢が，生徒の関心・意欲も高めることにつながるだろう。

・十分に教材研究をした。生徒はどのように反応するだろうか。授業をするのが楽しみだ。
・ある問題を自分で考えたら，いろいろな考え方ができることに気づいた。おもしろい。生徒にこのおもしろさを味わわせてやりたい。
・新しい教具を開発した。うまく授業に生きるだろうか。生徒はどんな反応を示すだろうか。
・クラスによって，問題や授業の流れを少し変えてみよう。生徒の反応はどう変わるだろうか。

　このような授業への教師の関心・意欲は，生徒の「考えてみよう」「やってみよう」という気持ちを引き出すことにつながるであろう。

　「主体的な学び」を生徒に求めるならば，教師自身が授業改善のための教材研究に主体的に取り組むようにしたい。また，「深い学び」の実現を目指すならば，教師自身が深い教材研究を行いたい。

※国宗進／相馬一彦編．『関心・意欲を高める授業の創造①』．明治図書．1994

第2章

授業改善
のための
教材研究

1 授業前の教材研究－5つのポイント－

1 ポイント1 指導内容の系統を確認する

❶なぜ系統を確認するのか

⑴ 前後のつながりを深く理解するために

　数学は既習内容との系統が強い教科であり，単元内や単元外のつながりを意識しながら授業づくりを行うことが多い。例えば，本時の授業を構想する上では，次のようなつながりを意識することが大切である。

ア．単元の中で本時はどんな位置付けにあるのか
イ．既習内容（前単元・前学年・他領域）とどのように関わるのか
ウ．小学校の算数や高等学校での数学とどのようなつながりがあるのか

　アは，最も重要であり，授業づくりの基本ともいえる。授業時数等は各学校の年間指導計画や教師用指導書を参照することで確認できる。

　例えば，中学校1年「方程式」では，等式の性質や移項を使った解き方を学習したあとに右の方程式を扱う。

　ここでは，それぞれが独立した学びになってはいけない。指導時数を検討したり，指導する順も考慮したりして，本時の学習と前後のつながりを関連付けることが大切である。

> 等式の性質や移項を使った解き方
> ⬇
> ・かっこを含む方程式
> ・小数を含む方程式
> ・分数を含む方程式

　イは，単元の枠を越えて，既習内容との関わりや関連する事項を把握することである。領域によっては算数と系統が強い指導内容があるので，既習内容との関わりに着目することが必要である。

例えば，中学校2年「1次関数（連立方程式と
グラフ）」では，グラフから連立方程式の解を求
めることがねらいとされ，右のような2つのグラ
フからその交点を求める学習が行われる。この授
業は関数の領域であるものの，数と式領域の連立
方程式の理解が必要となる。つまり，既習内容と
のつながりを意識しなければ，本時の目標に迫る
授業構築が難しい。

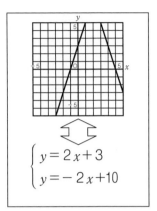

　ウは，小学校から高等学校にかけての算数・数
学を体系的・系統的にとらえる視点をもつことにつながる。「確かな学力」
を身に付けるためには，算数・数学が使われる場面や関連を理解することが
大切である。

　例えば，中学校3年「相似」は，小学校6年「拡大図と縮図」の単元との
関わりが深い。この単元では相似という用語を扱うが，拡大図・縮図と同じ
と考えてしまいがちである。しかし，教科書を比較すると，相似の定義から
次のような違いを確認することができる。

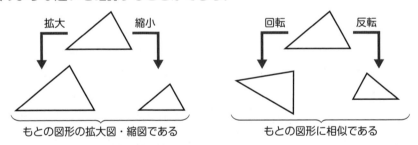

　小学校6年で学習する拡大図・縮図は，拡大・縮小することで，もとの図
形に重なることが定義となる。一方で図形の相似はもとの図形をそのまま回
転させて拡大したり反転させて縮小したりした図形でもよく，拡大図・縮図
とはその意味が異なる。このように系統を確認して既習内容と比較すること
で，指導内容を確かなものにしたり，生徒の思考を深めたりすることができ
る。

⑵ **本時の指導内容を明確にするために**

　本時の指導内容を理解しておかなければ，本時の目標を設定することはできない。数学の系統を確認することで，何を指導すべきかが明確になる。

　例えば，中学校２年「多角形の内角の和」では，次の問題を扱って授業を行ったことがある。

【問題】
　右の六角形の内角の和はいくらだろうか。

　この授業では，多角形の内角の和の式を導くために，いくつかの多角形の内角の和を具体的に求める活動を通して，「n 角形の内角の和は何度だろうか？」が本時の課題となる。この問題は算数の授業でも扱うことができるが，指導する上で算数と数学では何が異なるのだろうか。

　小学校５年「三角形や四角形の角（多角形の角の大きさの和）」との違いを確認すると，『学習指導要領解説（算数編，数学編）』には次のように指導上の配慮事項が示されている。※１※２

〈小学校５学の内容〉	〈中学校２年の内容〉
・幾つかの具体的な例に共通する一般的な事柄を見いだす ・筋道を立てて考えることに興味をもたせる ・中学校第２学年で更に深める	・多角形を分割することでその結果を見いだせるということを知る ・多角形の内角の和を n を用いた式で一般的に表す ・図形の性質を演繹的に確かめる

　多角形の内角の和を帰納的に見いだすだけでは，その性質が成り立っていることを示しているとはいえない。帰納的な説明の仕方と演繹的な説明の仕

※１文部科学省.『小学校学習指導要領解説算数編』. 日本文教出版. 平成29年７月
※２文部科学省.『中学校学習指導要領解説数学編』. 日本文教出版. 平成29年７月

方の違いをふまえた上で，何を指導すべきかを改めて確認する必要がある。

　私は，生徒の多様な考えの中から，次の２つの求め方を意図的に扱ってきた。それは，「12角形なら？」「102角形なら？」と多角形を変えていくことで，一般化に向けて公式に理解がすすむからである。

（求め方①） 頂点から 対角線を引く 式： $180×（6−2）$ 	**（求め方②）** 内部の１点と 各頂点を結ぶ 式： $180×6−360$ 

　n 角形の内角の和を考える際には，「n 角形ってどんな形かな？」と問いかけながらノートに図をかかせた。辺や角，頂点の数が n 個あることにふれると，六角形での補助線を活用して n 角形での補助線を引くことができる。多角形が何になっても「三角形に分けられそう」「内部の１点から n 個の三角形に分ける方が簡単だ」との声が挙がり，文字を用いて演繹的に説明することにつながる授業となる。

(3)　予想外の生徒の反応に適切に対応するために

　問題を解かせたり発表させたりすると，教師側で予想していなかった考えに出会うことがある。そのほとんどは，系統を確認しておくことで予め予測することができたものが多い。

　例えば，中学校１年「文字と式（文字を使った式）」では，次の問題を提示して２種類の文字を使って数量を表す学習を行った。

【問題】

　父の年齢の十の位を x，一の位を７として年齢を式で表したとき，どれが正しいだろうか。

　　　①　$x＋7$　　　②　$7x$　　③　$10x＋7$

答えを予想させると①と②に挙手する生徒が多く，予想外の生徒の反応に驚くことがある。また，授業の中で説明を加えても「10x＋7」の表し方に納得できない生徒がいて，何度も繰り返し説明しがちな場面でもある。

　文字を扱うのは中学校が初めてではない。算数科における文字の扱いは，次に示すように，数量を表したり数量関係を式で表したりすることが中心となる。実際に算数の教科書では，文字を用いて式を表すことを扱ってはいるものの，2つの文字を用いて数量を表したり，完成した式を見ながら式の意味を読み取ったりする学習はあまり扱われていないことがわかる。

> 【算数における文字の扱い】
> ・文字を未知数として数量を表す
> ・文字を変数として2つの文字を用いた式に表す

　系統を確認することで，予想外の生徒の反応にも適切に対応し，次の発問や指示を明確にすることにつながるであろう。例えば，先ほどの問題であれば，文字に数を代入して計算することで誤答に気づかせたり，年齢をお金に代えて考えることで位取記数法を想起させたりしながら，誤答を生かした授業をすすめることができる。

(4)　校種を越えた指導内容を理解するために

　小学校や高等学校との系統を確認することも，数学の授業改善には欠かせない。例えば，関数（比例）を例にして考えると，小学校と中学校では扱っている内容やねらいについて，次のような違いがある。

> 【小学校6年の内容】
> ○扱う関数：比例や反比例
> ・比例の関係の意味や性質の理解
> ・変化や対応の特徴の考察

> 【中学校1年の内容】
> ○扱う関数：比例や反比例
> ・関数関係の意味理解
> ・比例，反比例の意味理解
> ・変化や対応の特徴を見いだす

小学校段階での比例の指導内容を把握しておかなければ，本来扱うべき内容（関数の定義や比例における表・式・グラフの関連等）に抜けが生じたり内容が重複されたりと，本時のねらいとは離れた授業に陥る場合がある。

　校種が違っていても，同じ題材や問題を用いて指導する場面がある。例えば，「三角形の面積」はその代表的な例である。

　「三角形の面積」に関する内容は，小学校5年，中学校3年，高等学校1年の右の単元で扱われる。次の問題1〜問題3は，小学校・中学校・高等学校で実際に行われた授業であり，いずれも三角形の面積を求める問題である。

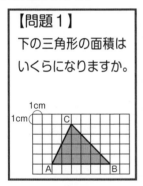

【問題1】
下の三角形の面積はいくらになりますか。

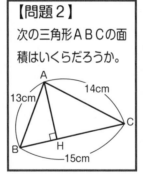

【問題2】
次の三角形ＡＢＣの面積はいくらだろうか。

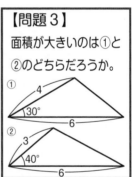

【問題3】
面積が大きいのは①と②のどちらだろうか。

　問題1〜問題3を比較すると，共通していることは図形の性質をもとに底辺と高さを見いだすことである。直接測ったり，三平方の定理を活用したり，三角比を活用したりすることで，どんな三角形でも高さを表すことができることに気づかせる学習活動が行われている。また，底辺と高さを見いだすことで，どんな三角形の面積も公式化できる学びも含められていることも重要である。

　算数の学びが基礎となり，中学校や高等学校でも「高さを求めればよい」という考えに辿り着く。校種を越えた学習内容を教師が把握していなければ，その場限りの浅い指導になってしまうかもしれない。

❷どんな手順で何を参考にするとよいか

⑴ 系統を確認する手順

　指導する単元に関わる系統を確認するために，私は次の手順で本時の授業の位置付けをつかむようにしてきた。

> ア．年間指導計画や教師用指導書で，本時の位置付けを確認する。
> イ．内容系統一覧表から，関連する指導内容を把握する。
> ウ．学習指導要領や参考図書などで系統を確認する。

　アは，本時の指導内容の位置付けを確認するためのスタートとなる。各学校では年間指導計画や単元指導計画が示されているので，本時が単元にどう関連するのかを明らかにできる。特に，中学校1年は算数との接続を意識して，授業づくりをすすめることが大切である。

　イは，既習内容との関わりを明らかにすることである。例えば，教科書の教師用指導書や教科書会社のHPには，算数や数学の内容系統一覧表が示されている。印刷して常備するようにし，教材研究ではこれらを参考に関連する事項をおさえるようにする。

　ウは，授業づくりをすすめる上で，本時の目標や課題，具体的な授業展開を考える場面で系統の確認が必要になる。特に，私は最初に提示する「問題」を考える際に，算数や既習内容等をふまえることを意識してきた。例えば，学習指導要領には，本時のねらいや系統などが具体的に示されているので，指導案作成にも役立てることができる。

⑵ 系統を確認する際に参考にしたい書籍等

　教材研究として系統をつかむためには，教科書や書籍，研究会等の資料等を活用して，本時の授業の位置付けを明らかにするとよい。ここでは，私が主に活用してきた資料や書籍等を3点紹介する。

【中学校学習指導要領解説　数学編】

　学習指導要領解説を用意し，領域や単元で指導すべき内容を確認する。算数科や数学科の内容の構成が図で示されていたり，内容の移行が注意書きを含めて記載されていたりする。総則や解説（算数・数学編）を用意しておくと，研究授業での指導案作成や学習会等でも広く活用することができる。

　また，新旧の学習指導要領を比較することで，指導する目標や内容が部分的に改訂されていたり，指導する時期に違いが生じたりしていることも確認することができる。特に，移行される指導内容については，その位置付けを確認したい。

【教科書の教師用指導書】

　各学校には自校で採択している教科書の教師用指導書が常備されている。そこには，単元指導計画のモデルや本時の授業の流れ等が細かに記載されており，系統についても触れられているものが数多くある。本時の位置付けが不明確なときに，参考となる授業例が記載されているので，系統をつかむことだけではなく幅広く活用することができる。

　なお，教師用指導書の巻末や各教科書会社のＨＰ等には，「算数・数学の内容系統一覧表」があり，他学年や他領域とのつながりをひと目で確認することができる。

【他学年の教科書や他社の教科書】

　学習内容や授業のすすめ方などに迷いが生じたときには，他学年の教科書を参考にすることも有効である。例えば，中学校２年「連立方程式」の単元では，中学校１年「方程式」の単元で，文字の意味や解き方等をどこまで扱っているのかを確認する必要がある。実際に中学校１年の教科書を開くことで，何をどのように学習しているのか確認できる。

　使用している教科書以外に，他社の教科書を複数見比べることも本時に学習する内容をより深める機会となる。なお，教科書比較については，第２章１項のポイント２で具体的に示す。

2 ポイント2 教科書を活用しながら授業を構想する

❶なぜ教科書を活用するのか

⑴ 教師自身の教材研究のために

　授業前の教材研究では，教科書を活用することが大切である。特に，教材研究として，私は複数の教科書を比較することが多くあった。その主な理由は次の２つである。

> ・指導内容に対する理解を深め，系統を確認するため
> ・よい問題を考え，授業の準備を計画的に行うため

　よい授業を行うためには，教師自身が教材研究を深めなければならない。そのひとつの例として，教科書を活用しながら系統を確認したり，問題を検討したりすることが挙げられる。

　例えば，中学校３年「２次方程式（解の公式）」では，これまでの解き方をふまえ，解の公式を用いて２次方程式を解く場面がある。

　解の公式の扱い方は，学習指導要領の改訂に伴って幾度か変わっている。また，平方完成の考えが解の公式に結びつくことから，授業の流れが生徒の理解に大きな影響を与える。

　解の公式は，形式的に公式を覚えて代入するだけでは，２次方程式を効率的に解くことには結びつかない。

　右のように解の公式が必要となる場面を設定することが重要である。そこで，この授業の教材研究として教科書比較を行い，「どのように解の公式を導いているのか」「どんな数値を用いているのか」に着目した。教科書には

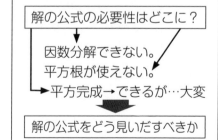

具体例と並列して解の公式を導く手順が掲載されているので，２つを見比べながら解の公式の理解を促すことができる。いくつかの教科書を比較し，最終的には次の問題を提示することにした。

【問題】

　$3x^2 + 5x + 1 = 0$は，どのように解けばよいだろうか。

　与えた数値は教科書と同じものを意図的に扱うことにした。教科書を開いたときに，問題と照らし合わせながら解の公式を導く手順を理解させるためである。実際には早い段階で教科書を開かせ，解の公式の使い方を確認した。このように教科書を比較しながら教材研究を行うことは，教師自身の教材研究に効果的である。

⑵　**学習指導案作成のために**

　指導案を作成する際には，まず教科書を活用したい。具体的に，私は教科書を次のように活用するようにしてきた。

　・教科書の導入場面と本時の授業で提示する問題を関連付ける
　・主な発問や取り入れる数学的活動の例示を参考にする

　問題解決の授業は，教科書を積極的に活用する授業である。特に，本時の授業が教科書のどこに位置付いているのかを，教師はもちろん生徒も把握できるようにしたい。

　中学校３年「平方根（加法，減法）」では，根号の中の数に着目し，同類項をイメージしながら分配法則を用いて計算する。形式的な計算指導に陥りやすい場面では，問題解決の授業を構想することに苦労する場合がある。そこで，複数の教科書を比較すると，根号の中の数値が異なることがわかる。

　例えば，次のような問題が教科書に掲載されている。

【問題】
$\sqrt{9}+\sqrt{16}$を$\sqrt{9+16}$と計算してよいだろうか。

　この問題の数値設定は，特殊な数値から考えるきっかけを与え，解決過程の中で一般化を図ることをねらいとしている。

　問題を提示すると，生徒の予想が分かれる。少し時間を与えて個人で考えさせると，既習内容の$\sqrt{9}=3$，$\sqrt{16}=4$になることに着目する。整数値に直して計算し直すことで誤りに気づき，特殊な例から平方根の加法性を検討することができる。さらに，ある教科書には，計算の仕方に関連した次の2つの問いが示されている。

・①では，どのように考えて計算しましたか。
・②のように変形したのはなぜですか。

$$2\sqrt{2}+\sqrt{2}$$
$$=(2+1)\sqrt{2} \quad)①$$
$$=3\sqrt{2}$$

$$\sqrt{12}-3\sqrt{3}$$
$$=2\sqrt{3}-3\sqrt{3} \quad)②$$
$$=-\sqrt{3}$$

　①は，分配法則を想起させる問いである。中学校1年の「文字と式」や中学校2年の「式の計算」で同類項をまとめた計算を振り返りながら，計算の仕組みを考えるきっかけになる。また，式変形の（2＋1）の部分から，$\sqrt{2}$の係数が1であることに気づかせることもできる。

　②は，根号の中の数に着目させる問いである。前時までに学習した平方根の乗法が関連していることに気づかせることができる。これらの理由を考える中で，分配法則を用いて計算できる理由や根号の中を揃える必要性が明らかとなる。

　このように毎時間の指導案作成には，教科書を活用することが授業づくりの手がかりとなる。主な発問を考えたり，扱う練習問題などを検討したりすることで，継続して授業改善に取り組むことが大切である。

❷教科書の活用の具体例

⑴　教科書の流れを参考にして問題解決の授業をつくる

　問題の解決過程の流れを考える際には，教科書の流れを参考にしたい。教科書の節や項には，Q（問題）や本時の課題，そして主な問いなどが記載されている。例えば，各項目のタイトルを列挙し，時系列で並べてみることで授業の骨格ができる。次の図は，教科書の配列を問題解決の授業の過程に変えたものである。

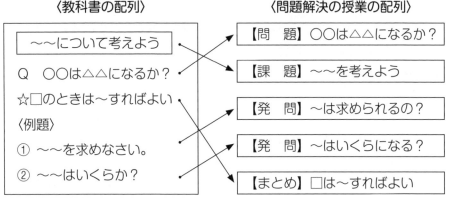

〈教科書の配列〉

～～について考えよう

Q　〇〇は△△になるか？

☆□のときは～すればよい

〈例題〉

① ～～を求めなさい。

② ～～はいくらか？

〈問題解決の授業の配列〉

【問　題】〇〇は△△になるか？

【課　題】～～を考えよう

【発　問】～は求められるの？

【発　問】～はいくらになる？

【まとめ】□は～すればよい

　教科書に「Q」，「？」や「問い」と示されている場合は，そのまま導入としての問題として用いることができる。また，項の文頭に課題が明記されている教科書もあるので，本時の課題と位置付けることができる。さらに教科書の例題には，小設問が記載されているので，それを発問に変えて取り入れることが可能となる。

　例えば，中学校３年「三平方の定理（空間図形への活用）」では，ある教科書に次ページの内容が順に示されている。

　教科書通りに授業をすすめると，「空間図形のいろいろな線分の長さを求めよう」という課題が本時の問題（Q）の前に記載されているので，生徒が自ら課題を見いだすことが難しい。また，問題のあとにある要点がまとめを表しているため，三平方の定理を用いて考える必要性が薄れることもある。

〈教科書の配列〉

> 空間図形のいろいろな線分の長さを求めよう
>
> Q　右の直方体で，線分ＢＨと線分ＣＥの長さについて，どんなことがいえるだろうか。
> ☆直方体の４つの対角線の長さはすべて等しい。
> 〈例題〉　右の直方体の対角線の長さを求めなさい。
> （考え方）　対角線を斜辺とする直角三角形に着目する。

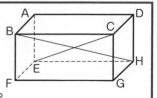

そこで，教科書の問題や課題，まとめや例題を参考に，次のように問題の解決過程を重視した授業に修正することができる。

〈問題解決の授業の配列〉

> 【問題】
>
> 　右の直方体で，線分ＢＨと線分ＣＥの長さについて，どんなことがいえるだろうか。
> 【課題】空間図形の線分の長さの求め方を考えよう。
> 【発問】線分ＢＨを斜辺とする直角三角形はどこだろうか？
> 【まとめ】三平方の定理を使うと空間図形の対角線が求められる。

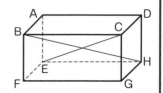

問題を先に提示することで，生徒が「同じ長さかな？」と予想することにつながる。また，対角線の長さを求める必要性が生じ，自然な形で課題を提示することにつながっていく。さらに，三平方の定理を用いるために，斜辺に着目することに気づかせる発問を行うことで，本単元の学習との関連をもたせることになると考えられる。

このように教科書の内容は変えずとも指導の流れを修正することで，教科書を生かした授業をつくることができる。

⑵　例題や練習問題から提示する問題を検討する

　問題解決の授業は，問題の良し悪しが授業の５割を占めるといっても過言ではない。書籍や指導事例をもとに問題を考えることもあるが，教科書を活用して問題を検討することをすすめたい。

　教科書に掲載されている問題は図や数値が工夫されており，系統から見ても多様な考えが生かされる場合が多い。白紙の状態から問題を考えるのではなく，そのような問題をうまく活用したい。また，生徒にとっては学習内容が教科書の内容とかけ離れていると，家で復習したり定期テストでの学習に役立てたりしづらいこともある。

　例えば，中学校３年「式の計算（式の活用）」では，「連続する２数の整数の差」の証明の問題として，次のような練習問題がある。

【練習問題】
　連続する２数の整数の差がその２数の和になることを説明しなさい。

$$2^2 - 1^2 = 3$$
$$4^2 - 3^2 = 7$$
$$7^2 - 6^2 = 13$$
$$13^2 - 12^2 = 25$$

　どの生徒にも問題場面が把握しやすく，直観的な予想をもとに解決できる問題である。そこで，この練習問題をもとに，次のように問題を工夫して提示した。

【問題】
　右の□に当てはまる値は何だろうか。

$$2^2 - 1^2 = 3$$
$$7^2 - 6^2 = 13$$
$$1234^2 - 1233^2 = \boxed{}$$

　この問題提示で工夫したポイントは，次の２点である。
・数値を求める問題の形に修正する
・数値を工夫して，意図的に大きな数値を求めさせる

はじめから「証明しよう」と提示する証明問題では，問題解決への意欲の高まりに欠けるのではないか。例えば，極端な数値を与える決定問題で提示することで，直観的に予想することができたり，数同士に潜む性質に目を向けたりする生徒がいる。また，教科書と似た問題を扱うことで，教科書をもとに振り返ることができるよさがある。

(3)　学習材として教科書を活用する

　教科書は生徒が使用する「主な学習材」でもある。そこで，問題解決の授業における教科書の活用として，次の2点を重視したい。※

　ⅰ）授業の有効な場面で必要に応じて教科書を活用する
　ⅱ）授業と教科書との関連をつける

　ⅰ）については，個人思考で手がつかない生徒への対応として教科書を活用することがある。わからない問題に出会ったとき，生徒は教科書を頼りにすることが多い。「答えが載っているから開かない」から「解決方法を知るために開く」に転換することも必要である。

　例えば，中学校1年「空間図形（球の表面積と体積）」では，次の問題を提示したことがある。

【問題】
　Aは直径が20cm のメロンが1個
　Bは直径が10cm のメロンが2個
　表面積が大きいのはAとBのどちらか？

A　　　　B

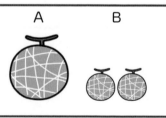

　球の求積公式を学ぶのは初めてである。既習の知識を用いてアイディアを出し合うことはできるが，正解を導き出すことは難しい。

※相馬一彦.『数学科「問題解決の授業」』. 明治図書. 1997

そこで教科書を開かせ，表面積を求めるための考え方（紐を巻き付ける）を読ませた。教科書の図から公式を導くまでのイメージをつかませることは，必要感のある数学的活動である。

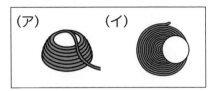

次にⅱ）については，板書とノートと教科書を関連付けるために，「どこを学んでいるのか」「教科書ではどう書かれているのか」を確認しながら授業の中で活用したい。そうすることで生徒がひとりで学習を振り返る際に教科書を開くようになり，自然と教科書を活用できるようになる。

例えば，中学校1年「文字と式（項が2つの1次式を数でわる除法）」では，次の問題を提示し，誤答の理由を考える中から正しい計算の仕方を身に付けることを目指した。

【問題】
右の計算は正しいだろうか？

$$(6x-12) \div 3$$
$$= 6x - 12 \div 3$$
$$= 6x - 4$$

問題を解決したあとに，教科書で内容を確認した。そこでは，右に示すように，授業で扱った内容と教科書に記載されている内容の関連をおさえながら，授業の振り返りを行うようにした。特に，本時の授業は，「教科書のどこを学習したのか」「授業で取り上げた考え方は教科書の

① 例題として同様の問題があること
　$(6x+9) \div 3$
② 考え方が2つあること
　解答1：分数の形にする
　解答2：わる数を逆数にしてかける
③ 誤答の例が示されていること
　$(8x-6) \div 2 = 4x-6$

どれに相当するのか」などを，生徒とともに確認することが大切である。

❸はじめに教科書比較から

　教科書には授業改善のための様々な教材や工夫が豊富にある。例えば，他社の教科書との教科書比較を行うことは，教材研究や授業づくりに大いに役立つ。私は，次の3点を主な目的として，教科書を比較しながら教材研究を行ってきた。

　ア．新たな問題を考えたり問題を工夫・改善したりするため
　イ．問題の解決方法や多様な考えの扱い方を見比べるため
　ウ．日々の宿題や定期テスト問題の作成に利用するため

ア．新たな問題を考えたり問題を工夫・改善したりする

　現在，中学校数学では7社の教科書があり，私は「問題」を考える際に教科書の図や数値を比較してきた。それは，本時のねらいを達成するための問題を選び，生徒の実態に応じて授業づくりを行うことができるからである。
　例えば，中学校2年「連立方程式（いろいろな連立方程式）」の分数を含む計算では，それぞれの教科書で次のような問題が取り上げられている。

[A社]
$$\begin{cases} \dfrac{x}{3} - \dfrac{y}{4} = 1 \\ x - 2y = -2 \end{cases}$$

[B社]
$$\begin{cases} 3x + y = 15 \\ \dfrac{x}{2} - \dfrac{y}{3} = 1 \end{cases}$$

[C社]
$$\begin{cases} 3x - 5y = 9 \\ \dfrac{1}{2}x + \dfrac{4}{3}y = 8 \end{cases}$$

[D社]
$$\begin{cases} x = 2y + 5 \\ \dfrac{x}{3} - \dfrac{y}{2} = 2 \end{cases}$$

[E社]
$$\begin{cases} \dfrac{1}{2}x + \dfrac{1}{3}y = 1 \\ x + y = 4 \end{cases}$$

[F社]
$$\begin{cases} 4x + 3y = -1 \\ \dfrac{1}{2}x - \dfrac{1}{3}y = 2 \end{cases}$$

[G社]
$$\begin{cases} \dfrac{x}{4} + \dfrac{2y}{5} = 3 \\ x - 2y = -24 \end{cases}$$

　どの教科書も，一方の2元1次方程式に分数を含む連立方程式を問題とし

ている。しかし，式の形や係数などの数値に着目すると，7社の教科書には次のような違いがある。

　　・分数係数を小数に直すことができる数値に設定しているかどうか
　　・加減法と代入法のいずれかを意図して式を与えているかどうか
　　・分子に文字（x，y）が含まれているかどうか
　教科書比較をもとに，授業では次の問題を提示した。

【提示した問題】
　　右の連立方程式を工夫して解こう。

$$\begin{cases} x - y = 3 \\ \dfrac{1}{4}x - 0.2y = 3 \end{cases}$$

　この問題を提示したのは，前時に小数係数を含む連立方程式を扱っていることが大きい。意図的に小数を含ませたり小数に直せる数値で分数を与えたりすることで，授業の後半で「もし小数に直せなかったら？」という問いが生じるように工夫した。

　また，加減法と代入法の2通りで文字を消去できるようにひとつ目の式の係数を1に修正したのは，教科書比較から得たヒントからである。ひとつ目の式が複雑になったり右辺の数値が難しくなったりすると，問題解決への意欲が半減する。実際の授業では解決方法として3通りの解き方が出され，生徒が主体的に考え続けることができた。

イ．問題の解決方法や多様な考えの扱い方を見比べる

　問題の解決方法を比較するために教科書を活用したい。同じ指導内容であっても，教科書の例（図の向きや数値など）や考え方の説明の仕方に違いがある。

　例えば，中学校2年「平行と合同（図形の性質と補助線）」では，次の問題を提示することがある。

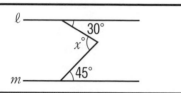

【問題】

　右の図で $\ell /\!/ m$ のとき，
$\angle x$ は何度だろうか。

　$\angle x$ を求めるために平行線の性質や対頂角の性質，三角形の内角や外角の性質などを活用する問題であり，多様な方法で解決できる。この部分について教科書を比較すると，扱い方や分量に次のような違いがある。

　　A社……平行線と角，三角形の外角の練習問題として２か所に出題

　　B社……$\angle x$ の位置をずらした例を含めて課題学習として出題

　　C社……単元末の練習問題として出題

　　D社……三角形の角の練習問題として出題

　　E社……問題を項として設定し，補助線の引き方を含めて指導

　　F社……発展問題として単元末に出題

　　G社……補助線の利用の例題として出題

　この問題で何をどこまで扱うのかは，本時の目標と大きく関わる。角度を求めるひとつの問題として位置付けることもできるし，図形を動的に見ながら規則性を見いだす授業を行うこともできる。また，補助線の例を予想したり，発問の内容を検討したりすることにつながるので，教科書比較は授業づくりに有効である。

　私は複数の考え方を紹介する際に，他社の教科書を実際に見せることが多くあった。特に，下位の生徒は教科書を読んだり実物を見たりすることで，問題解決へのイメージをつかむことができるようになる。

ウ．日々の宿題や定期テスト問題の作成に利用する

　私は教科書の問題をアレンジしたり，考えを問う問題を宿題として与えたりすることがあった。例えば，中学校１年「平面図形（図形の移動）」では，平行移動・回転移動・対称移動の意味と移動の仕方を学習する。そこで，宿

題として次の練習問題を与えたことがある。

【練習問題】
　△ＡＢＧを△ＥＯＪにぴったり重ねるには、
何回移動させたらよいだろうか？

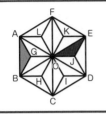

　麻の葉をもとにした問題は、４社の教科書で取り上げている。様々な移動方法があることから、授業の確認としてよい宿題だと考えられる。

　また、他社の教科書を参考に定期テストの問題を作成することもできる。例えば、中学校１年「空間図形（立体と体積と表面積）」では、直線を軸として１回転させてできる立体の体積や表面積を求める学習が行われる。授業では、右の図形で体積や表面積を求める練習を行った。

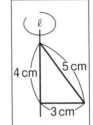

　この部分について教科書を比較すると、回転させる図形や方向が異なっていることに気づいた。

　そこで、定期テスト問題では教科書の問いを参考に、次の問題を与えることにした。このテスト問題を通して２つの円柱の違いに着目することで、体積や表面積の求め方を確認することができた。

【テスト問題】
　右の長方形 ABCD を、辺 AB を軸として回転させてできる立体と、辺 AD を軸として回転させてできる立体の①体積、②表面積、③側面積を求めた。このとき、答えが同じになるのは①〜③のどれだろうか。

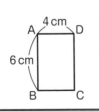

　なお、教科書比較といっても、必ずしも７社をすべて比較する必要はない。「問題」だけではなく、単元の配列や指導内容の違いから参考になる点は多くあるので、少なくとも他の１社の教科書を用意したい。

3 　ポイント3 　過去の授業例や実践研究を参考にする

❶過去の授業例を振り返る

⑴　過去の学習指導案や授業記録を活用する

　授業づくりには，これまで実践してきた指導案や授業記録等を活用したい。私は，教師自身の教材研究に生かすために，また授業改善につなげるために，次の２つに継続して取り組んできた。

　ア．過去に作成した指導案を振り返る

　イ．過去に作成した授業記録を見直す

　教科書や指導書などを参考にすることはもちろん，自分がこれまでに作成した指導案を振り返ったり授業記録を見直したりすることは，授業改善に大いに役立つ。以下，具体的に取り組んできた例を紹介する。

ア．過去に作成した指導案を振り返る

　校内研修や公開研究会で準備した指導案は，ある程度検討されているものが多い。過去の実践をふまえて，よりよい指導案に修正することで，よい授業に改善することができる。

　中学校２年「三角形と四角形（いろいろな四角形）」の授業例を紹介する。次ページの指導案は，ある研究会で私が行った研究授業である。授業後の研究協議では，次のような意見が先生方から出された。

　　　・問題文だけでは四角形の性質を想像するのは難しい

　　　・予想させてはいるが生徒の課題になっているのか

　　　・長方形，ひし形，正方形の関係に目を向けさせるべき　　など

1 　単元名「三角形と四角形」
2 　(1)　本時の目標
　　　・ひし形，長方形，正方形の定義を理解し，いろいろな四角形の包含関係を考えることができる。
　　(2)　本時の展開

	教師の働きかけ	予想される生徒の活動	・留意点　□評価
導入	○問題提示	○問題を把握する。	・①〜④を板書してから，問題文を付け加える。
	【問題1】　次の中で，「平行四辺形」といえるものはどれだろうか。①正方形　②長方形　③台形　④ひし形		
	○予想させる。	○直観的に予想し挙手する。・①，②，④　など	
	◎なぜ正方形，長方形，ひし形は平行四辺形といえるのか？		・机間指導を通して，理解の状況をおさえる。
	○個人思考させる。○平行四辺形になるための条件に当てはまっていることをおさえる。○それぞれの定義を確認する。	○自分なりに問題について考える。[予想される生徒の反応]・長方形→向かい合う辺が等しい・ひし形→向かい合う角が等しい・正方形→向かい合う辺や角が等しい・平行四辺形になるための条件に当てはまっている	・下位の生徒については，図形をかかせながら指導する。・それぞれの定義を確認し板書する。
	◎台形はなぜ平行四辺形といえないのだろうか？		
	○台形の定義を確認する。	○既習内容を振り返る。[予想される生徒の反応]	・対角線を用いた考えは，次時に扱う

　　反省から指導案を振り返り，授業改善の方策を考えることにした。特に導入で提示した問題を，指導案と教科書，そして本時の授業記録等から検討することで，他の学級では次のように修正して提示することができた。

【問題】
　太郎君は，右のように四角形の関係を図に表した。正しいだろうか？

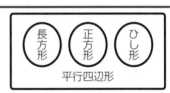

　　包含関係を表す図で問題を提示することで問題把握が容易となり，全員が意味を理解した上で予想することができた。また，誤答を扱うことで予想が分かれ，四角形の包含関係を考える課題を必然的に提示できたことが，それぞれの定義や性質をもとにした授業に結びついた。このように過去の指導案を振り返ることは，教師自身の教材研究にもつながる。常に修正を加えながら指導案を残すようにしたい。

イ．過去に作成した授業記録を見直す

　多くの先生方は，教材研究の内容や授業の計画，板書内容などをノートにメモしたり，データとして保存したりしていると思う。そのような記録をもとに，改めて授業を見直すきっかけとしたい。私は授業が終わったあとに，次の視点からそれらの授業記録を振り返るようにした。

　　　・提示した問題の図の向きや数値などを改善した方がよいか
　　　・本時の課題や主な発問を変更し，板書の仕方を修正するべきか
　　　・取り上げた例題や練習問題の内容及び宿題は妥当だったか

　指導案と板書を振り返りながら，本時の目標，問題の是非，発問の検討，定着の行い方などを見直し，修正箇所には赤でメモするなどして，次からの授業に生かすようにした。

　例えば，中学校３年「２次方程式（平方完成）」では，乗法の公式や平方根の考えを用いて，２次方程式を変形することが求められる。一方で内容的にも難しく，問題の与え方やその後の展開の仕方に苦労することがあった。そこで問題の検討を常に行い，担当学年になるごとに修正を行った。右の図は，問題の変遷を示している。

　これは，生徒の実態や本時の目標に応じて，問題文や与える式を改善したもの

次の２次方程式の
解を求めなさい。　　　$x^2 + 8x + 16 = 7$

　　・全員が考えることができるのか
　　・問題から課題が見えにくい
　　・予想を取り入れたい

次の２次方程式の解は
ない。正しいだろうか。　$x^2 + 8x + 10 = 0$

　　・解の有無だけでよいのか
　　・既習内容とのつながりがない
　　・解決の糸口が見えるようにする

次の○，△，□　　　　$x^2 + 6x = 5$
にはどんな数が　　　$x^2 + 6x + ○ = 5 + ○$
入るだろうか。　　　$(x + △)^2 = □$

である。特に最初から式変形を求めるのではなく，どのように式が変形されているのかに着目できるように求答タイプの決定問題にした。その結果，生徒は直観的な予想をもとにしながら，式の変形に挑戦するようになった。

(2) 研究会の学習指導案を活用する

　自分が作成した指導案だけではなく，身近な研究会や有志の研究グループで行った指導案をアレンジして利用するとよい。はじめから指導案を作成するのは時間を要するが，指導案を共有することで使いたい指導案を探したり，生徒の実態に応じて修正したりしてうまく活用することができる。

　例えば，旭川市教育研究会の中学校部会では，全単元の指導案を先生方がいつでも活用できるように公開している。また，教科書の改訂や学習指導要領の改訂ごとに，中学校部会をグループに分けて，問題の修正や配列の変更などの単元指導計画の修正を行っている。

　次の指導案の一部は，旭川市教育研究会の中学校部会で行われた中学校2年「確率（いろいろな確率）」の授業である。

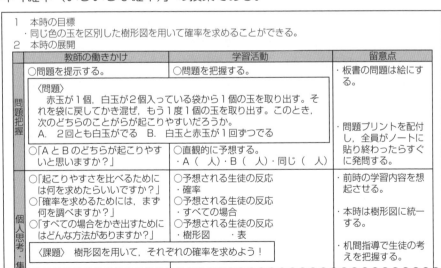

生徒が考え続けている姿が最後まで印象的な授業で，参観しながらぜひ私

も実践したいと考えた。そして，次の視点から私なりに問題と授業の流れを
アレンジすることにした。

　　　・この問題では確率を求める必要性があまりない
　　　・同じ色の玉を区別する必要感をどのようにもたせるべきか
　　　・追加の課題として袋の中に戻す場合の確率を求めた方がよい

　これらの視点は，研究協議で先生方から出された意見である。本時はこれ
まで学んだ確率を活用して，具体的な問題を効率よく解決するために確率を
活用することのよさを実感させることである。そこで，研究協議での意見を
ふまえて，本時の目標と問題を修正して次のように授業を行った。

【目標】　同じ色の玉を区別する必要性を理解し，樹
　　　　　形図を用いて確率を求めることができる。
【問題】
　白玉が２個，黒玉が１個入っている袋から１個の玉
を取り出す。そして，さらにもう１個の玉を取り出す。
このとき，次のどちらの確率が大きいだろうか。
A．２回とも白玉がでる　　B．白玉と黒玉が１回ずつでる

「玉を戻さない問題」に修正することで問題がつかみやすくなり，直観的
に予想することにつながった。また，授業の後半には生徒から「じゃあ，玉
を戻したら？」という声があがり，樹形図を用いて考える必要性や計算して
確率を求めることの意味が確認できた授業となった。

　各大学の附属小・中学校では毎年研究会を開催しており，研究紀要や指導
案綴りが配布されている。また，都道府県規模の研究会も行われているので，
様々な指導案を手にすることができる。それらの指導案は，教材研究がなさ
れていたり何度も検討を重ねたりして実践された成果なので，この指導案を
参考にして授業づくりを行うこともできる。

❷「よい授業」の実践例を参考にする

⑴ よい実践例の行間を読み取ることから始める

　実践例や指導案綴りなどが書籍となり，「よい授業」を探すことが比較的容易になった。私も多くの書籍から授業を見つけ出し，自分なりに工夫・改善しながら実践してきた。一方で，実践をしている先生方からは，次のような悩みを耳にすることがある。

　　・同じ問題を提示しても課題までの流れがうまくいかない
　　・紹介されているような多様な考えが出てこない
　　・意図した流れにならず最後まで授業を終えることができない

　実践例で紹介されている授業は，紙面の都合で簡略化されていたり授業の一部だけを紹介したりしている場合も少なくはない。ここで大切なのは，紙面に書かれている実践の行間を読み取って授業を構想していくことである。例えば，次の ⅰ）～ⅳ）を検討しながら授業づくりを行いたい。

ⅰ）問題の提示方法はどのように行ったらよいのか［問題の提示方法］
ⅱ）課題をつかむきっかけとなる発問は何を入れればよいのか［主な発問］
ⅲ）本時の目標を達成するために取り上げたい考え方はどれか［考え方］
ⅳ）確認や定着として教科書をどのように扱えばよいのか［確認，定着］

　例えば，中学校1年「比例・反比例（反比例のグラフ）」の授業で次の問題が実践例として紹介されている。

【問題】
　太郎君は反比例のグラフを次のようにかいた。
正しいだろうか？
　〈式〉 $y = \dfrac{8}{x}$

y	1	2	4	8
x	8	4	2	1

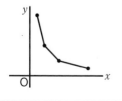

この授業の主な流れは，次のようにまとめられているが，紙面上に書くことができていない教師の意図や留意点が数多くある。※

〈書籍に記載されている授業例〉

〈本時のねらい〉
・反比例のグラフの特徴とかき方を理解する。

〈授業の流れ〉

(1)式をもとに表を確認しながら板書し，それをもとにグラフをかきながら「正しいだろうか」と発問する。その後，問題を配付する。

(2)直観的に予想させると，正しくないと答える生徒が半数以上いる。そこで，「なぜ正しくないのだろうか」と発問すると，生徒からは次のような考えが出される。

　① 座標を直線で結んでいるから。（なめらかな曲線になるはず）

　② 負の数の表もできるので，他の部分にもグラフができる。

　③（3，3）を通っているが，式に $x＝3$ を代入すると $y＝3$ にはならない。

　④ 原点を通っていないから違う。

(3)特に，①については「なぜ曲線になるのか」を考えさせ，表をもとに x と y の変化の仕方（増え方）が比例のときとは異なることに気づかせる。また，④については x に値の小さい数（＋0.1や－0.1など）を代入させることで，原点を通らないことや y 軸付近の様子を視覚的に理解させる。

(4)正しいグラフをかかせ，なめらかな曲線になることを確認する。さらに，練習問題として比例定数が負の数のグラフをかかせて，反比例のグラフの特徴についてまとめる。

　この授業の流れを前ページの i ）〜iv）に沿って検討しながら，例えば次

※相馬一彦／佐藤保編著．『新「問題解決の授業」に生きる「問題」集』．明治図書．2009

のように授業づくりをすすめることができる。

ⅰ）式→表→グラフの流れだけなのか？［問題の提示方法］

問題文は最初に書かない。問題設定の場面を
理解させてから，生徒とのやりとりをふまえて
問題を板書する。この問題では，式からグラフ
の点を探すことに重きを置き，表はメモする程
度に扱う。4点をとった後に「比例と同じよう
に…」と言いながら，定規で直線を引くことで，
生徒は問題に注目するようになる。

```
式→（表）→グラフ
    ▼
問題文の追加→予想
    ▼
問題の配付→貼り付け
```

ⅱ）「なぜ正しくないのか」「なぜ曲線になるのか」以外には？［主な発問］

この授業では，右のような主な発問
が考えられる。特に，反比例のグラフ
が直線にならないことを説明するには，
他のグラフとの比較を取り入れるよう
にする。そこで，「どうして比例は直
線を引けたのだろうか？」と発問する

```
・なぜ正しくないのか
・直線を引けないのはなぜか
・反比例はなぜ曲線になるのか
・比例はなぜ直線になるのか
```

ことで，表を作成したりグラフのマス目に着目したりするようになる。

ⅲ）記載されている4つの考え方はどこまで必要か？［考え方］

本時の問題の答えとしては，「直線で結んでいるから」では不十分である。
それは，正しくないことを説明するためには，通過しない1点を取り上げて，
反例として示すことが必要である。しかし，直線や曲線に関わる発言は重要
なので板書にメモして残しておき，授業の後半で生徒からの意見として生か
していく。

ⅳ）教科書の確認の仕方と与える練習問題は？［確認，定着］

反比例のグラフの形状は教科書で確認し，グラフの対称性や漸近線付近の
様子をおさえるようにする。特に，小学校での反比例の扱いとの違いを確認
していく。また，比例定数が負の数を扱う場面では，グラフのかきやすさを
考慮して，比例定数が−12や−8などを扱うようにする。

⑵　インターネット等で公開されている実践例を参考にする

　最近では，実践例や指導案などが掲載されているサイトが数多くある。そのまま指導案が掲載されていたり，板書や授業の流れ，プリントなどが紹介されていたりするので，授業づくりに役立てることができる。ここでは，佐藤・相馬が運営する『数学問題BANK』を紹介する。このサイトには複数の実践が掲載されており，私もこの中の授業を参考にして教材研究を行ったり指導案を提供したりしている。このサイトのよさは大きく次の3点である。

　　・問題の意図の説明があるので授業展開がイメージしやすい
　　・主な発問や予想させる生徒の反応が細かく書かれている
　　・教科書との関連が強調されている実践例が多い

　例えば，次の問題はこのサイトに掲載されている中学校1年「文字と式（式の値）」の授業例である。※

【問題】
　「$2a$」と「$3a$」について，花子さんが次のように話している。
　正しいだろうか？
　　　花子：「$2a$よりも$3a$の方が大きいと思うわ。」

　変数としての文字の意味を理解することは簡単ではない。問題からは数値設定の理由や系統などが見えないため，問題の意図が気にかかる。
　実際の『数学問題BANK』のサイトには，問題の意図や授業の流れなどが具体的に示されているので，このような誤答を生かした問題を扱うことが可能となる。なお，授業例によっては，板書計画や授業の様子の写真も掲載されているので，授業づくりの参考としたい。

※相馬一彦／佐藤保．中学校数学科「問題解決の授業」のための数学問題BANK.
　　（https://mondaibank.jimdo.com/）

❸数学教育に関する実践研究を参考にする

　日本数学教育学会が主催する全国算数・数学教育研究大会が毎年8月に行われており，その分科会では授業実践の報告や教材研究に関わる発表が多くある。この研究会に参加できなくても大会特集号を読むことで，授業づくりのヒントを得ることができる。

　例えば，中学校3年「2次方程式（2次方程式の解き方）」の指導の順序は，右の2つが考えられ

> ア：平方根━━━→平方完成━→因数分解
> イ：因数分解━→平方根━━━→平方完成

る。過去には教科書の順に沿って指導することが多くあったが，富高先生の発表原稿から，次の3点を学ぶことができた。※

　　　・本単元では扱える2次方程式の範囲に限りがあること
　　　・高等学校数学への進化（解の公式等）を期待して単元を構成すること
　　　・「数学的活動」の楽しさを知るためにどちらがよいか検討すること

　富高先生は，イの流れで授業をすすめることで，平方根の指導の中で右のように因数分解する生徒がいることを述べている。確かに多様な方法で解くことで，3つの解き方を関連付けたり，数学的活動の楽しさを知ったりすることができる機会となる。

$$4x^2 - 7 = 0$$
$$\Downarrow \text{イ}$$
$$(2x + \sqrt{7})(2x - \sqrt{7}) = 0$$

教科書比較だけでは，ここまでの指導の違いに気づくことができなかったかもしれない。

　なお，教材研究をより深めたり数学教育に関する理論研究を行ったりするためには，次のようなウェブサイトをインターネットで検索するとよい。

　・CiNii（NII 学術情報ナビゲータ https://ci.nii.ac.jp/）
　・Google Scholar（https://scholar.google.co.jp/）

※富高俊司.「二次方程式」指導の改善と工夫. 第82回総会特集号. 日本数学教育学会誌. 第82巻臨時増刊. p.151. 2000

4 ポイント4 本時の「目標」と「問題」を検討する

❶本時の目標を明確にするために

(1) 目標を１〜２に絞る

　授業づくりは本時の目標を検討することから始まる。これまで各地の授業を参観する中で，本時の目標に関して次のような疑問を感じたことがある。

- ・本時の目標が何なのかがわからない
- ・目標が多すぎて50分では達成できない
- ・授業内容や本時の評価とかけ離れている

　かつて観点別学習状況の評価が強調されていた頃，例えば中学校１年「方程式（方程式の活用）」では，本時の目標と本時の問題が次のような指導案があった。

【目標】・前時の学習をもとに，関心をもって取り組むことができる。

　　　　・特殊な方程式を，既習事項を用いて考察することができる。

　　　　・文章問題を理解し，方程式をつくることができる。

　　　　・簡単な方程式について理解し，１元１次方程式についての見方を広げることができる。

【問題】

　ＡさんとＢさんが右の表のように貯金をしていく。

	現在の貯金	毎月の貯金
Ａさん	5000円	600円
Ｂさん	3000円	200円

　Ａさんの貯金がＢさんの貯金の２倍になるのはいつだろうか？

　評価の４つの観点に対する目標を形式的に羅列したことで，結局はどこに焦点化しているのかが不明確となり，すべての目標を達成することが難しい授業であった。目標を１〜２に絞るようにし，本時の目標と指導の一体化を

目指すようにしたい。

　例えば，先ほどの授業であれば，次のように本時の目標を設定し，同時に指導する場面を厳選することが必要である。

【修正した本時の目標】
　文章から数量関係を見いだし，方程式に表すことで問題を解決することができる。

---

(2)　**目標を簡潔かつ具体的に示す**

　本時の目標は，生徒に身に付けさせたい数学的な力を簡潔に示したり，実際の授業がイメージできるようにしたりして，簡潔かつ具体的に表現することが大切である。

　同じ観点であっても，「～を理解する」「～を知る」「～できる」「～になる」など，どれを目標にするのかによって授業の流れは異なる。それは評価の仕方にも関わってくる。

　例えば，中学校2年「式と計算（式の活用）」では，図形の面積を比較する次の問題を提示したことがある。

【問題】
　1辺が18cm の正方形の中に右のように円が接している。このとき，AとBで面積が大きいのはどちらだろうか？

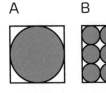

　この授業では，文字を用いて式をつくることで，面積を表すことができるよさを実感することがねらいである。また，面積を比較することから，既習内容となる計算の仕方を確実に身に付けることも大切である。そこで，本時の目標を次のように設定した。

> 視覚的に判断がつきにくい図形①の性質を，文字を用いて考え②，式を活用③して説明できる④。

　下線①は，提示した問題の特徴を示している。ＡとＢを見比べると，面積の大小を判断することは難しい。そこで２つの面積を比較することが，本時の課題につながることを意図している。

　下線②は，文字で説明する必要性をつかませることを示している。具体的な数値を代入することを通して，「いつでも面積は等しいのか？」という疑問をもたせ，文字を用いて説明することをねらっている。

　下線③は，既習内容を活用することを示している。前時までには式の計算の仕方を十分に習熟しているので，立式や式の変形はできると考えて設定している。

　下線④は，問題を単に解くだけではなく，式の意味や計算過程を説明できることを意図している。例えば，理解した内容を他者に説明できるようになることも，この授業のねらいとして挙げられる。

　授業後，生徒からは「ひとつの図形の中で大きさが違ってもいいのか」「立体でも同じことがいえるのか」といった質問があり，本時の学習を追究しようとする姿があった。

(3) 本時の目標と数学的活動の関連を明確にする

　数学的活動を端的に述べると，「生徒が目的意識をもって主体的に取り組む活動」である。本時の目標を考える際には，数学的活動の位置付けを明確にしたい。同じ数学的活動を取り入れても，目標が「～を通して」「～によって」となれば数学的活動は方法となり，「～できる」「～になる」となれば数学的活動は目的そのものになる。

　例えば，中学校２年「１次関数（式の求め方）」では，与えられた条件から直線の式を求める学習が行われる。次の問題を提示した。※

【問題】
　右の図のように，2点A（−1，2），B（3，10）がある。この2点を通る直線は，点C（9，20）を通るだろうか。

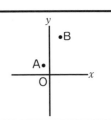

　直線の式を求めさせると，右の考えが出されるので，求め方を比較する中で「直線の式を求める」という数学的活動が行われる。この数学的活動を本時の目標に入れる場合，次の2通りがある。

・表を作成して点Cの座標を確認する
・直線ABの式に点Cを代入する
・直線ACと直線BCを比較する
・直線ACと直線BCの傾きを比較する
・連立方程式で直線の式を求める

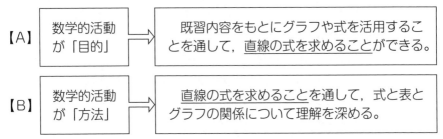

【A】　数学的活動が「目的」　→　既習内容をもとにグラフや式を活用することを通して，直線の式を求めることができる。

【B】　数学的活動が「方法」　→　直線の式を求めることを通して，式と表とグラフの関係について理解を深める。

　目標【A】は，直線の式を求めることが本時の目的である。よって，本時の評価も数学的な技能が中心となり，練習問題などを通して定着の度合いを見取ることになる。一方で，目標【B】は，直線の式を求めることが本時の方法である。よって，本時の評価は数学的な見方や考え方（場合によっては知識・理解）が中心となり，評価の場面は違ってくる。

　このように，本時の目標の設定の仕方によって授業が変わるので，本時の目標と数学的活動の関連を明確にしたい。

※相馬一彦／佐藤保.『中学校数学科　新「問題解決の授業」に生きる「問題」集』.
　明治図書．2009

❷よい問題を提示するために

⑴ 決定問題として提示する

　はじめに提示する問題は，授業の流れを左右することが多い。「よい問題」であれば課題が明確になり，生徒の主体的な取り組みが期待できる。

　授業のはじめに提示する問題には，例えば次の３つの種類がある。

> ・決定問題
> ・証明問題
> ・オープンな問題

　それぞれによさがあり，数学の授業では必要である。中でも決定問題として提示することは，生徒に考える必要性を与えたり，本時の目標に迫る授業につながったりすることが多い。決定問題を提示すると，そこから課題が生まれ，それが証明問題と移り変わっていく。

　現場で実践していた頃，「どのように問題をつくるのか」と質問されることがあった。私は，次の２つの方法を交えながら問題づくりを行ってきた。

> ・「証明問題」を「決定問題」の形にする
> ・「教科書を逆から教える」発想をする

　証明問題は，教科書の例題や練習問題などに数多く出題されている。その問題を利用して，問題をつくるようにしてきた。また，教科書には解法や要点が先に示されていることが多いので，それを逆に考えながら問題をつくるようにしてきた。

　例えば，中学校１年「文字と式（式の活用）」では，はじめに次ページのような証明問題やオープンな問題を与えても，生徒にとってこの証明を考える必要性はあまり感じられない。

【問題（証明問題）】
　連続する３つの整数の和は，３の倍数になることを説明しよう。

【問題（オープンな問題）】
　次の（　）に当てはまる言葉や数を考えよう。
　連続する（　　　）の整数の和は，（　　　）の倍数になる。

　それに対して，次のような決定問題を与えると，生徒が自分なりの考えをもとに，それを確かめる過程を通して，上記の証明問題が解決すべき課題となっていく。

【問題（決定問題）】
　連続する３つの整数の和には，　　　　$1 + 2 + 3 = ?$
どのようなことがいえるだろうか。　　　$3 + 4 + 5 = ?$
　　　　　　　　　　　　　　　　　　　$6 + 7 + 9 = ?$

　決定問題には，次のようなタイプの問題が考えられる。
　　・「〜はいくつか」など　（求答タイプ）
　　・「〜はどれか」など　　（選択タイプ）
　　・「〜は正しいか」など　（正誤タイプ）
　　・「〜はどんなことがいえるか」など　（発見タイプ）
　上で示した問題は発見タイプであり，規則性を見いだす中から一般的に説明する必要性をもたせることをねらいとして問題を設定している。※
　決定問題は特別な問題ではない。これまで述べたように，教科書や問題集

※相馬一彦・早勢裕明編著．『算数科「問題解決の授業」に生きる「問題」集』．明治図書．
　2011

などを参考にして，問題をアレンジして提示すればよい。また，なるべく単純でわかりやすい問題づくりを心掛けたい。問題の理解が伴ってこそ，生徒が考える授業が生まれる。なお，興味や関心を引き出すために，無理に日常事象に絡めたり，ゲーム的な要素を取り入れたりする必要はない。簡潔かつ具体的な問題を与え，数学本来のおもしろさを授業の中でゆっくりと伝えることが一番である。

(2) 予想を取り入れる

　問題を提示すると，生徒から予想が出されることがある。例えば，前ページの問題（連続する３つの整数の和）では，「３の倍数になる」「真ん中の数の３倍になる」といった予想が生徒から出てくる。その予想をもとに「いつでも３倍になるの？」と発問し，本時の課題として証明問題を板書した。

　予想とは，「問題の結果や考え方について見当をつけること」である。※

　仮説や見通しは，どちらかというとその背景に理論や根拠が含まれている場合が多い。それに対して，「予想」はあてずっぽうでもよい。見当をつける中から，次の第一歩が思いつくこともある。

　予想を取り入れることには，次のような意義がある。※

　・学習意欲を高める

　・考え方の追究を促す

　・思考の幅を広げる

　教師から与えられた問題を見て，すぐに解決方法が思いつく生徒は多くはない。問題が長くなり複雑になればなるほど，生徒は考えようとしなくなる。直観的に予想できる問題や予想が分かれる問題ならば，考え方の正誤を巡って，生徒同士の主体的な話し合いが行われることが期待できる。

　例えば，中学校２年「確率（組み合わせ）」では，次のような問題を提示

※相馬一彦.『「予想」を取り入れた数学の授業改善』. 明治図書. 1995

し，予想することから授業を始めた。

【問題】
　班のメンバーから給食当番を選ぶ。次の①と②で，組み合わせが多い
のはどちらだろうか。
　　①　5人から2人選ぶ　　②　5人から3人選ぶ

　直観的に予想させると，②の方に挙手する生徒が多くいる。そこで，組み
合わせを求めることを課題とし，表や樹形図で考える時間を与える。解決す
る中で「どちらも同じ」という意外な結果を知って，追究意欲がさらに増し
た。また，授業の後半では次の問題を追加して提示し，改めて予想させた。

【追加した問題】
　次の①と②で，組み合わせが多いのはどちらだろうか。
　　①　100人から1人選ぶ　　②　100人から99人選ぶ

　ほとんどの生徒が直観的に「同じ」と答えるようになり，組み合わせの意
味理解を促すことにつながった授業となった。
　このように，予想は問題の理解を促したり，授業の方針を確認したりする
ことにもつながる。問題の工夫と合わせて，予想を取り入れることも授業づ
くりでは大切にしたい。

⑶　問題を工夫すること
　教師が提示する問題は，授業を展開するためのきっかけとなる。問題を工
夫することで，学習意欲を高めたり，新たな知識や技能，見方や考え方など
を身に付けたりすることができる。
　具体的に，どのように問題を工夫すればよいのだろうか。私は，次の2つ
の視点から問題を考えるようにしてきた。

① 問題の数値を工夫する
② 図の向きや大きさを工夫する

　①では，問題の数値が異なるだけで，問題に対する生徒の予想や本時の課題，教師の発問などが変わる。同じ決定問題を与えるにしても，数値に着目して検討するようにしたい。

　例えば，中学校3年「平方根（乗法・除法）」では，長方形の面積を求める次の問題を提示したことがある。

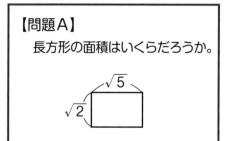

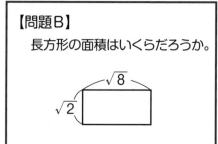

　問題Aと問題Bでは，横の長さが異なるだけである。問題Bでは，$\sqrt{8}$の近似値を求める中で，$\sqrt{2}$との関係に目を向ける生徒がいる。また，問題の図形は正方形が2つ合わさった形であることに気づき，平方根の乗法の仕方の理解が促される授業となった。

　問題の数値を工夫するためには，問題づくりの段階でいろいろな数値を試すようにしたい。また，複数の学級を担当する場合は，問題の数値を意図的に変えることで，授業展開の違いが実感できる。

　②では，図の向きや大きさが変わると，生徒が着目する図形の性質や考え方に違いが生じる。同じ図を与えるにしても，いくつかの図を比較しながら問題を工夫するようにしたい。

　例えば，中学校3年「三平方の定理（空間図形への活用）」では，次の問題を提示したことがある。

【問題】

　次の図のような直方体がある。頂点 A から頂点 G までひもをかけて
いくとき，ア，イ，ウのどのルートが短いだろうか？

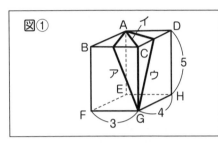

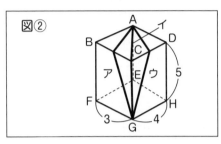

　直方体の展開図をもとに三平方の定理を活用しながら，ひもの長さを比較
する授業である。3つのひもは，アが辺BC上，イが頂点C，ウが辺CD上
を通り，黒板では色を分けながら提示する。

　はじめは図①で問題を提示していたが，図の向きからか予想がアとウに分
かれることが多かった。そこで，図②のように図の向きを変えて提示するこ
とで，生徒の予想が3つに分かれ，展開図をかく必要性が高まった授業とな
った。答えを予想したり追究意欲を高めたりする問題としては，図②の方が
望ましい。問題づくりにおいては，図の向きや大きさも検討するようにした
い。

　最後に，問題の工夫とまではいえないが，できるだけ単純な形で問題を提
示することを心掛けたい。問題文があまりに長いと，読み取ることに時間が
かかったり，ノートにかき写すのに苦労したりする。

　例えば，上の問題であれば，黒板に板
書するのは右のような問題文でよい。
「考えてみたい」という関心・意欲は，
図や数値などを見ながら，教師とのやり

【問題】

直方体：A～Gまでひも
ア，イ，ウで一番短いのは？

とりを行う中から沸き立つように工夫したい。

5 ポイント5 日常的に学習指導案を作成する

❶学習指導案を作成するのはなぜか

(1) 学習指導案を書かないことへの不安

　指導案の形式は問わずとも，何も書かずに授業を行うことは難しい。私は，大学でも毎回指導案を書いて授業を行っている。もし指導案を書かなくてもできるとすれば，次のような授業になるのではないか。

> ・教科書通りに教えることしかできない授業
> ・教師が一方的に説明することしかできない授業
> ・ワークやドリル中心に行うことしかできない授業

　このような授業はできたとしても，問題解決の授業を行うことはできない。それは，問題解決の授業は「生徒が主体」となる授業だからである。生徒同士のやりとりや生徒と教師のやりとりがなければ，生徒自らが課題を解決することはできない。また，本時の目標，問題，主な発問を明確にしないまま，指導と目標と評価の一体化を図ることは到底できない。

　指導案の必要性は理解しても，例えば，「授業の形態や指導法が定まっていない」「指導案を作成する授業に特別感がある」「指導案を作成する時間的なゆとりがない」といった理由から，日常的に作成することは難しいと感じている先生もいるのではないだろうか。

　指導案は，授業を行う側にとって羅針盤のような存在である。「よい授業」を行い，本時の目標を達成するためにも指導案を作成したい。

(2) 学習指導案を作成する目的

　指導案を作成しなくとも，それまでの経験をもとに授業を行うことができる先生がいるかもしれない。しかし，指導案を作成することで，深い教材研

究に繋がることをはじめとして，充実した授業に結びつくことは確かである。
　私は，指導案を作成する目的を，次のようにおさえている。※

> ⅰ.「よい授業」を行うため
> ⅱ.「よりよい授業」を行うため
> ⅲ. 参観者のため

　ⅰは，指導案を書くことで，本時の目標を達成することにつながるということである。また，生徒が考えることを楽しむような授業にすることにも近づく。
　ⅱは，授業改善のために指導案を活用することである。授業を振り返ったりメモしたりするときに，指導案を用いることで次の授業に生かすことができる。
　ⅲは，指導案を参観者のために作成するということである。授業の意図や授業の流れを把握してもらうためには，指導案が必要となる。
　私は，作成した指導案を授業改善に役立てることが特に重要だと考えている。それは，次の３つの理由からである。
　　・指導内容を整理し，計画的な授業を行うため（授業設計）
　　・授業内容を振り返り，成果や課題を明らかにするため（実践記録）
　　・他の学級と比較したり，翌年以降に活用したりするため（教材研究）

　指導案は，本時のねらいを達成するための授業設計の役割を担っている。また，指導案は実践記録としての役割を果たすので，授業後に広く活用することができる。そして，指導案をもとに問題や発問を修正するなどして他の学級と比較できるので，深い教材研究にもつながる。

※算数科授業研究の会.『改訂新版算数科教育の基礎・基本』. 明治図書. 2019

❷学習指導案をどのように作成するのか

⑴　手順をふまえる

　これまで示した授業前の教材研究のポイントをふまえて，指導案を作成するための手順を紹介する。

　研究授業などで指導案を作成する場合，私は次のような項目を確認・検討しながら考えるようにした。

・本時の目標	・本時の課題	・本時の問題
・問題の提示方法	・予想の有無	・主な発問
・多様な考えの扱い方	・考えの取り上げ方	・本時のまとめ
・教科書の活用	・練習問題	・宿題

　問題解決の授業では，問題を考える前に検討しなければならない事柄がある。授業で最も大切なのは本時の目標であり，次の①～③の手順で指導案を作成することが原則である。

①本時の目標を決める
　　　　　②課題（めあて）を決める
　　　　　　　　　　③問題をつくる

　授業では，本時の目標が最も重要であることを何度か述べてきた。単元指導計画の位置付けや系統をふまえて適切に目標を設定することで，生徒の課題（めあて）が明確になる。その課題を見いだすために問題を検討しなければならない。

　ここで示した指導案の作成の手順は一部だが，①～③を中心として様々な項目を検討しながら指導案を作成したい。

　中学校２年「平行と合同（証明のしくみ）」の授業例で説明しよう。上で示した①～③の手順に沿って指導案を検討すると，次のようになる。

① **本時の目標**

・証明とは何かを理解させたい。

・帰納的な推論も大切だが…。

・なぜ演繹的な推論が必要なのか。

検討結果

【本時の目標】
　証明することの必要性とその意味を理解する。

　この目標を達成するためには，どんな課題を設定するべきか？

② **本時の課題**

・図形を一般化する場面が生じる。

・文字で説明する必要性がある。

・具体的な数値では説明しきれない。

・証明につながる簡潔な課題で…。

検討結果

【本時の課題】
　いつでも〇〇は成り立つのだろうか？

　この課題を見いだすためには，どんな問題を設定するべきか？

③ **本時の問題**

〇どの図形がよいか。

〇問題文は？
・成り立つ関係
・3つの角をたすと
・どんな性質がある

〇提示方法や予想など
・簡単な図で
・数値の予想が可能
・色分けで板書

　検討結果

【問題】
　右のブーメラン型の四角形で，
∠x の大きさは何度だろうか。

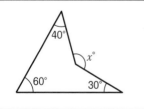

　本時の目標を考える際には，各学校の年間指導計画や学習指導要領解説数学編，教科書の教師用指導書などを参考にすることで指導事項が明らかにな

る。この授業では，教科書と学習指導要領解説を参考にして，証明の意味と
その必要性に着目した目標を設定した。

　本時の課題は，目標を達成するために主として追究させたい事柄を具体的
な言葉で表現している。また，「いつでも」というキーワードを入れること
で，図形の性質を演繹的に考えるきっかけを与えるのではないかと判断し，
指導案に入れることにした。

　本時の課題をつかませるために，問題や問題の提示方法などをいろいろと
検討した。問題の図や問題文の検討は複数回行い，他校の先生方に授業実践
を依頼したこともある。

(2)　発問や指示を具体的に書く

　研究会などに参加すると，教師の指導が書かれていない指導案を見かける
ことがある。生徒が主体的に学ぶことの裏には，本時の目標を実現するため
の教師の適切な指導が必要不可欠である。私は，指導案に次のような教師の
指導を明確に記すようにした。

> ・本時に身に付けさせるべき指導内容は何なのか。
> ・生徒に何を発問するのか，どんな指示をするのか。

　例えば，(1)の授業例（証明のしくみ）では，次のような発問や指示を指導
案に入れるようにした。

　　・まず何度くらいになりそうか予想してみよう。
　　・分度器を使ったり切ったりしなくても説明できる方法はないだろうか。
　　・$\angle x$ の大きさはどうすれば求められるだろうか。考えてみよう。
　　・どんなブーメラン型の四角形でも，３つの角の和は $\angle x$ に等しいのか。
　　・授業で出た考え方には，どんな根拠となる事柄が使われているのか。

　具体的な発問や指示を指導案に書き入れ，授業では主な発問を板書した。

結果として，生徒のノートにも発問が書きとめられるので，板書とノートの工夫につながった。また，指導案には証明の意味を説明することを明記した。板書やノート，教科書にも線を引くなどして，証明の意味を繰り返し確認することで，本時のまとめに結びつく授業となった。

⑶　留意点の欄を充実させる

　指導案の右側には，留意点や評価などを記載する欄がある。私は，留意点を充実させることが授業改善に大きく関わると考えている。

　留意点の欄は，教師の指導と生徒の学習活動の欄に記載できなかった内容や，授業者の意図的な試みなどを自由に書くことができるよさがある。私は，次のような内容を留意点に書き入れ，教師の細かな動きがイメージできるようにした。

- ・問題の提示方法　　・予想のさせ方
- ・考えの取り上げ方　・意図的な働きかけ
- ・指導上の配慮事項　・上位や下位の生徒への手立て
- ・評価の場面と方法　・定着や宿題の補足

　留意点を詳しく書くと，授業者が次に何をすべきかが明らかになる。また，参観者側も授業者の動きの意図が読み取れるようになる。

　例えば，⑴の授業例（証明のしくみ）では，次のような留意点を書き入れた。

- ・問題はプリントで配付する。問題を板書する間に読ませる。
- ・プリントの図は，意図的に130°にはなっていない。
- ・分度器を用いて実測する方法を最初に取り上げる。用意した図形を切って並べる方法を取り上げる。
- ・机間指導の際には，黒板に補助線だけ引かせておく。

・図に数値や記号をかき込んで口頭で説明できればよい。

・説明では，既習内容の何を活用しているのかを確認する。

・改めて図をかかせ，○，△，×などの記号を使って説明させる。

これらは留意点の一部だが，他にも板書のポイントや評価の仕方，生徒への対応などを記載している。このように留意点を充実させることは，授業の細かな点を再確認することになり，授業改善にもつながる。

(4)　予想される生徒の反応を具体的に記す

指導案には，予想される生徒の反応をあらかじめ指導案に書き入れるようにしたい。その理由は次の2つである。

・どのような方法で問題を解決するかを事前に把握するため。

・生徒の考えや発言に対して，次の発問を適切に行うため。

私は，生徒の誤答や既習内容との関わりを含めて，生徒の反応を指導案に書くようにした。事前に指導案に書き授業を想定することで，生徒の考えや発言に対して，焦ることなく適切に手立てを講じることができた。

特に，問題の解決方法が複数ある場合は，多様な考えの取り上げ方を指導案上（留意点）にも記載したい。たくさんの考えを取り上げすぎて，本時のねらいが達成できないのは本末転倒である。

例えば，(1)の授業例（証明のしくみ）では，次ページのような予想される生徒の反応を指導案に書いた。

この問題には，補助線の引き方が複数あるので，多様な考え方を生かすことができる。

一方で，様々な方法があることを認めながらも，補助線の引き方を根拠に基づき整理していくことも必要である。

このように指導案上であらかじめ生徒の反応を書くことで，証明の意味と必要性に迫る授業を行うことができた。

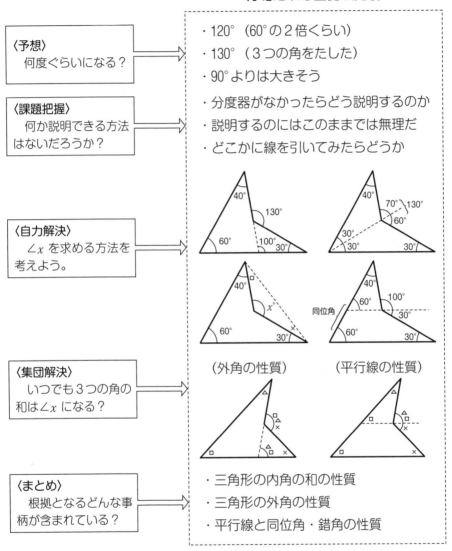

〈予想される生徒の反応〉

〈予想〉
何度ぐらいになる？

・120°（60°の２倍くらい）
・130°（３つの角をたした）
・90°よりは大きそう

〈課題把握〉
何か説明できる方法はないだろうか？

・分度器がなかったらどう説明するのか
・説明するのにはこのままでは無理だ
・どこかに線を引いてみたらどうか

〈自力解決〉
∠x を求める方法を考えよう。

〈集団解決〉
いつでも３つの角の和は∠x になる？

（外角の性質）　　　（平行線の性質）

〈まとめ〉
根拠となるどんな事柄が含まれている？

・三角形の内角の和の性質
・三角形の外角の性質
・平行線と同位角・錯角の性質

(5) 日常的に作成する学習指導案

継続して授業改善に取り組むためには，日常的に指導案を作成することが

大切である。そこで私は，指導案を簡略化して作成するようにした。次に示す略案は，授業の核となる本時の目標，提示する問題，主な発問，留意点などを簡潔に記したＡ５サイズの略案である。例えば，中学校１年「正の数，負の数（数の大小）」では，次のような略案を作成した。

第１学年　第１章「正の数，負の数」学習内容（数の大小）〈４回目〉
本時の目標：数の大小を，不等号を用いて表すことができる。
　　　　　　数直線をもとにして，正の数，負の数の大小を理解する。

指導内容	留意点
【問題】　３つの数の大小　正しいだろうか？ 　　　　　（太郎君） 　　　　　　－１　＜　＋３　＞　－1.5 「表し方は正しいだろうか。予想しよう。」 　・正しい→　－１＜＋３，＋３＞－1.5 　・正しくない→不等号の向き 　　　　　　　　－１と－1.5の大小 【課題】 「不等号を使ってどのように表せばよいか？」 　　　　－1.5＜－１＜＋３ 　　　　＋３＞－１＞－1.5 【まとめ】 　・不等号の意味，不等号の使い方 　・教科書確認 p.17→練習問題	・問題文→式の順に板書する ・予想→○か× ・正しい理由から取り上げる ・数直線で確認 ・不等号を揃えるを出させる ・２つのかき方を出す ・p.19は宿題

　この略案は手書きで作成し，書き加えや修正ができるようにＡ５横のファイルにして授業に持ち歩くことにした。特に，問題や課題，主な発問を記載することで，板書にしてそのまま生かすことができる。また，留意点にメモ（問題提示の方法や補足問題や宿題など）を加えることで，教師の計画や意図が明らかとなり，生徒個々への対応に活用することもできる。
　授業後は，思いがけない意見や新たな考えなどをこの略案に書き込むことがあった。そのメモを受けて，他の学級で問題を修正して提示したり，発問の仕方を変更して板書したりするようにした。
　翌年以降に同学年を担当した際は，はじめから略案を作り直す必要はない。既存の略案を活用しながら，新たな問題や授業の流れを追加するようにした。

授業を何年も重ねることで，ひとつの授業にも変遷があることに気づき，自分の授業を振り返るきっかけにもなった。

(6) 板書計画を作成する

　板書計画を必ず書くというきまりはないが，板書計画を作成することも授業改善には効果がある。私は，次の理由から，研究授業の指導案に板書計画を入れることにしていた。

　　　・指導案で計画したことを，板書を通して再現するため
　　　・学習内容（図や式など）を可視化してとらえるため
　　　・考える場面を焦点化し数学的活動を充実するため

　意図的に入れ込んだ問題や課題，主な発問は，板書しないと生徒のノートに残ることはなく，授業の意図が伝わらない恐れがある。これでは指導案を作成した意味は半減する。また，数学の特性から図や式，表やグラフなどの数学表現を視覚的に示さないと，深く考える舞台に導くことは難しい。例えば，板書する位置や大きさ，チョークの色なども影響する。さらに，板書計画をつくることで，何を考えるのか，何をすべきかといった思考の流れが明らかになる。

　生徒のノートを見ると，授業の取り組みの様子や学びの深さが一目瞭然である。私は生徒のノートから，授業改善のきっかけを得ることが多くあった。

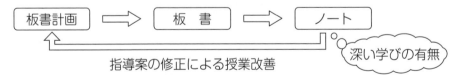

　最近では板書に着目した書籍もあり，明治図書の雑誌（教育科学数学教育）では特集も組まれている。また，インターネットでも板書付きの指導案が紹介されている。なお，数学的活動の具体と板書の事例については，永田先生の著書も参考になる。※

※永田潤一郎.『中学校新学習指導要領　数学的活動の授業デザイン』. 明治図書. 2018

2 授業後の教材研究 －3つのポイント－

1 ポイント1 生徒の反応や改善点を学習指導案に残す

❶授業での生徒の反応を学習指導案に残す

(1) 生徒の多様な考えを記録する

　授業前の教材研究について述べてきたが，私は，授業後の教材研究も授業改善には大切だと考えている。

　授業前の教材研究ポイント5では，指導案に予想される生徒の反応を書くことを強調した。授業後には，教師が予想したことと実際に生徒から出された考えを比較することで，授業の振り返りを行うことができる。

　例えば，中学校1年「比例と反比例（反比例の式の求め方）」を学習する授業では，次の問題を提示した。

【問題】

　学校から駅まで4人でジャンボタクシーに乗ると，一人分の料金は1200円になる。10人で乗ると，一人分はいくらになるだろうか。

　指導案には，次の2つの予想される生徒の反応を書いた。

（その1）方程式をつくる

　一人分の料金を x 円とする。

$$4 \times 1200 = 10x$$
$$4800 = 10x$$
$$x = 480$$

　　　答　一人分は480円

（その2）反比例の式をつくる

　$y = \dfrac{a}{x}$ に $x = 4$，$y = 1200$ を代入する。

$$1200 = \dfrac{a}{4}, \quad a = 4800$$

　$y = \dfrac{4800}{x}$ に $x = 10$ を代入して

$$y = 480$$

　　　答　一人分は480円

しかし，授業で実際に生徒から出されたのは，次の２つの考え方であった。

```
（その１）小学校の方法
    合計の料金は
        1200×4＝4800
        4800÷10＝480
                答　一人分は480円
```

```
（その２）比例式
    一人分の料金を $x$ 円とする。
        4：1200＝10：$x$
              $4x＝12000$
                    $x＝3000$　？
```

　私の授業の意図と生徒の思考には大きな違いが生じていた。結局は教師側から反比例の式を使うことを与えてしまう授業となった。

　指導案とは異なる生徒の反応が生じたことには，幾つかの原因があると考えた。そこで授業後には，次の視点から授業全体を見直すようにした。

・既習内容の反比例が使われていない　→問題自体を修正する必要がある

・問題把握が十分に行われていない　　→問題の提示方法に課題がある

・予想させたことが生かされていない　→予想のさせ方を変えるべき

・考える内容が曖昧となっている　　　→主な発問や指示を具体化すべき

　指導案をもとに授業を実践し，授業を振り返りながら授業改善をすすめることは，わかりやすい PDCA サイクルである。指導案上で考えた予想される生徒の反応と授業で出された生徒の考えのズレの原因を分析することで，問題設定が適切であったかどうかを振り返り，指導案に残すことができる。

⑵　**生徒の反応をメモとして学習指導案に残す**

　授業の良し悪しは，生徒の表情から感じ取ることができる。特に，指導案には書かれていない生徒の反応を拾い上げて指導案にメモすることで，授業改善に生かすようにしたい。

　例えば，⑴の授業例（反比例の式の求め方）では，指導案に次のようなメモを書き残した。

```
【問　題】…書くのが長い△，時間×，板書×，意欲△
【予　想】…480円，約500円，予想は○
【考え方】…式が出ない×，比例式の扱い方△
【　表　】…必要性△，復習には○
【まとめ】…ノートにかく○，＋α教科書に線を引く
```

　○，△，×の記号は，数学的な内容や指導方法の良し悪し，生徒の学習の意欲の変化などをメモしたものである。また，＋αは追加したい内容を指している。(1)で紹介した授業の問題提示を例に説明する。問題文をすべて板書した結果，時間がかかる上に問題への興味が半減してしまった。問題把握が不十分であったとの反省をふまえて，メモを指導案に残し，次の時間には右の板書のように，問題文と図を併用して問題を簡略化した。また，問題の提示方法を次のように改善した。

問題の場面を図で説明する ⇒ 問題文「一人分はいくら？」と板書する ⇒ 4，1200，10の数値を書き込む

　授業中に指導案に書き残したり，授業後に短時間でメモを付け加えたりするため，書き込んでいる言葉は短くてよい。言葉や印から授業の様子や生徒の雰囲気がわかるので，授業を見直すきっかけとすることができる。

　指導案に関連して，授業中の板書にもこうした生徒の反応を取り入れるようにした。授業では，生徒に発言させた言葉を教師が言い換えて，きれいな言葉に書き直して板書したくなることがある。しかし，あえて生徒の言葉でそのまま板書に書き残すことで，発言した生徒の考えを全体で共有できることにもつながる。

❷授業の改善点を学習指導案に残す

(1) 本時の目標や問題を見直す

　教師側で意図して設定した本時の目標や問題，授業の構想が妥当であったかどうかを指導案に残すことで，授業を見直すきっかけとしたい。私は，指導案に蛍光ペンで下線を引き，その達成具合いを〇，△，×などの記号で書き入れるようにしてきた。

　例えば，中学校１年「方程式（分数を含む方程式）」では，本時の目標と問題を次のように設定したことがある。

【本時の目標】

・多様な考え①で方程式を解くことを通して，分数を含む方程式の解き方について理解し②，その方程式を解くことができる③。

【問題】

　次の方程式は何通りの方法で解くことができるだろうか？

$$\frac{3}{10}x - \frac{2}{5} = \frac{1}{4}x$$

　授業を終えて，はじめに目標と問題を見直すことにした。目標に３か所の下線（①〜③）を引き，達成具合いや必要性を考えて，①→△，②→〇，③→△と書き入れた。

　①については，問題からは３通り以上の解き方（移項する，小数に直す，分母をはらう）が生徒から出された。しかし，「どの方法でもよい」とまとめたわけでなく，結局は分母をはらう方法に焦点化していたため，必要性という点で不十分さを感じた。③については，係数に分数がある方程式の技能の習熟を図れなかったことを指している。本時では，考えを取り上げてまとめることで精一杯となり，練習するまでには至らなかった。そこで，指導案に自分なりの評価を書き入れることで，次のように授業改善を行った。

【本時の目標：改善後】

・既習の解き方と比較することを通して，係数に分数を含む方程式の解き方を理解することができる。

【問題：改善後】

分数を含む方程式を右のように解いた。

他に解く方法はあるだろうか？

$$\frac{3}{2}x - 4 = \frac{1}{2}x + 7$$

$$\frac{3}{2}x - \frac{1}{2}x = 7 + 4$$

$$\frac{2}{2}x = 11$$

$$x = 11$$

　本時の目標は，移項の解き方と比較することを主な数学的活動とし，分母をはらう方法を理解することを主なねらいとして，考え方と理解に特化した。また，ひとつの解き方を例示する問題に修正し，係数に着目して問題を解決することに重きを置くことにした。

　私は，授業後に考えついたことを指導案に直接書き入れて，改善の過程を残すことが大切だと考えている。特に，複数の学級を担当する場合は，色を分けながら（1クラス目は青，2クラス目は赤など）記録するようにすると，授業改善の経過がより鮮明になる。

⑵　学習指導案に参観者の考えをメモしてもらう

　私は，研究授業だけではなく，誰かに授業を参観してもらえる機会に指導案を準備・配付した。校内研修や大学生が参観したとき，また参観日の保護者にも授業内容を理解してもらうために，簡単な指導案を配付したことがある。

　参観者はたくさんのメモを取ることが多いが，何を記録しているのかが気になった。そこで，授業を観ての感想や意見をメモしてもらって回収したり，許可を得てメモを書き込んだ指導案のコピーをとったりするようにした。参観者の指導案の記録を見ることには，次のようなよさがある。

・実際の授業の流れ（問題の解決過程）を確認できる

・授業者が気づけなかった生徒の様子がわかる

・授業者の改善点（欠点や癖など）を知ることができる

　例えば，中学校３年「三平方の定理（三平方の定理の逆）」では，次のような指導案を作成したことがある。一部を紹介する。

2．本時の目標
・三平方の定理の逆を利用して，直角三角形になるかどうかを判断することができる。

〈展開〉

学習活動	留意点
【問　題】　太郎君，次郎君，花子さんが直角三角形をかこうとしている。　　　　　　直角三角形になるのは，誰の三角形だろうか。 　太郎君　：「5cm，10cm，6cm かな。」 　次郎君　：「15cm，17cm，8cm だよ。」 　花子さん：「9cm，7cm，10cm だと思うわ。」	・問題は板書しながら提示する。
○黒板には，3人の長さだけを板書して問題を提示する。	
○答えを予想させる。【予想される反応】：次郎君	・数値のみを示し，直観的に予想させる。
○「実際にかかなくても調べる方法はないだろうか」と問いかけて，本時の課題を提示する。	・作図をせずに判断する方法に気づかせる。

　この授業を参観した先生方の指導案には，次のような良い点の記述や改善点・修正点などのメモが具体的に記録されていた。

【問題】…説明が長い。板書の簡略化よい。書くのが多い？

【課題】…具体的〇。定理を使うイメージがわく。

【発問】…板書している〇。繰り返し△，長い×，もっと意見を待つ？

【練習】…三角形にならないのはあり？　図形としていいの？

　先生方のメモを読み取り，授業の反省に生かすことができた。お互いに時間がとれない場合があるので，こうして指導案にメモを記録してもらうことは，授業を振り返る方法のひとつとなる。

2　ポイント2　授業記録ノートで記録を残す

❶授業記録ノートとは何か

⑴　授業記録ノートのつくり方

　先生方は，授業の記録をどのように残しているのだろうか。

　授業を実践した直後は部分的に改善を試みようと考えているが，１年以上経ち同じ単元の授業を再度行うときには記憶が曖昧となってしまい，結局はこれまでと同じような授業を繰り返し行ったことはないだろうか。

　私は，様々な目的から「授業記録ノート」を20年間作成してきた。授業記録ノートとは次のようなものである。※

> 生徒に自分のノートと同じ授業内容を当番制で書いてもらう
> 学級で１冊の記録ノート

　教師側で記録ノートを用意し，主に板書内容や授業内容などを書いてもらう。

　生徒はノートを持ち帰り，次の授業までに提出するので，教師はコメントを書き，次の生徒に渡すという手順になる。

　右の図は，授業記録ノートのイメージである。基本的に生徒のノートと同じものが手元に残ると考えてよい。私の周りには，授業記録ノートを実践している教師が多くいる。

　次ページの写真は，私が作成した授業記録ノートである。20年間で60冊以上を蓄積することで，授業内や授業外の様々な場面で活用することができた。

※谷地元直樹．「授業記録ノート」『数学教育 No.513』．明治図書．2000

私は，数学の授業
では，指導案と板書
とノートの３つがそ
れぞれ関連するもの
だと考え，生徒にと
ってわかりやすい板
書，そしてあとから
見てわかりやすいノ
ートづくりを目指し
てきた。

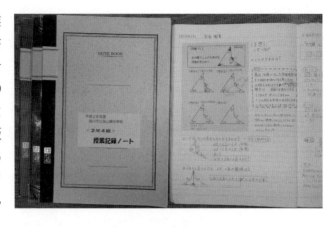

　生徒にとってノートは，教科書と同じ程度に大切な学習用具である。ノー
トなしでは数学の理解を高めることは難しい。教師側は，生徒のノートが充
実されるように授業を工夫したい。

⑵　授業記録ノートの意義
　授業記録ノートを作成することには，次のような意義がある。

　ア．授業記録（板書や授業の様子など）を残すことができる
　イ．授業後の教材研究や授業改善に役立てることができる
　ウ．生徒とのコミュニケーションの場として利用することができる

　アは，授業の記録を残すことである。指導案だけでは，実際の授業の様子
を思い出すことはできない。学習指導要領の改訂の基本的な考え方（平成29
年告示）に「これまでの教育実践の蓄積に基づく授業改善の活性化により」
と示されているように，授業記録の蓄積・活用は授業改善に重要である。教
師自身が授業記録ノートを作成することもできるが，私は生徒が授業記録を
残すことに意義があると考えている。
　例えば，指導案と実際の授業とのつながりについて，授業記録ノートから

次のような発見があった。

・口頭で説明しただけの発問や指示がノートに書かれている。

・板書で書き入れなかった生徒の考えが紹介されている。

・既習内容や数学の系統についてのメモ書きがある。

生徒は教師が考えている以上にノートを大切にしていることがうかがえた。

イは，授業改善のために活用することである。授業記録ノートは，他の学級で活用することもあれば，翌年以降に担当した際に活用することもある。特に後者の場合は，教科書と同じ程度に授業記録ノートを重視しながら教材研究を行ったり，指導案作成に役立てたりしてきた。

例えば，右のような教材研究を授業記録ノートを使って行うことができる。

授業記録ノートは，過去の指導案と並列して見比べることで，授業の振り返りが効果的になる。

ウは，生徒とのやりとりに役立てることである。授業記録ノートは全員が書くこと

・単元指導計画を考える
・問題づくり
・予想が分かれるかどうか
・多様な考え方を確認する
・提示する例題や宿題

になるため，提出したときに生徒と授業について話したり，感想欄に記された質問に答えたりするようにしてきた。授業内容についてお互いに意見を書いたことで，生徒が数学を学ぶきっかけとなることもあった。

例えば，数学が好きな生徒は，多くの感想を書いてくれる。しかし，反対に「わからなかった」「数学が苦手」「やる必要がない」などの感想も書かれていたこともあった。それに対しては丁寧にコメントするようにして，授業づくりを一層工夫する活力とした。また，欠席した生徒に授業記録ノートを貸し出したこともある。他の生徒がどのようなノートをとっているのかを見ることはあまりできないが，この授業記録ノートは回覧制なので，生徒同士で学ぶことができる。年に数回しか担当することはないが，このノートの感想や意見から生徒の考えを知り，今後の授業に生かすことも可能であろう。

❷授業記録ノートの活用方法

⑴　授業記録ノート同士を比較する

　授業を振り返ったり授業改善を行ったりするときには，授業記録ノートを比較することをすすめたい。私は，問題を検討する際に，すべてを最初から考えるのではなく授業記録ノートを活用してきた。同じ指導場面の授業記録ノートを比較することで，次のような違いに気づくことができた。

　　・本時の目標の違いによって，問題が変容している

　　・問題が同じでも，問題の提示方法が異なっている

　　・問題や問題の提示方法が同じでも，授業展開が違っている

　例えば，中学校３年「二乗に比例する関数（変化の割合）」では，７年分の授業記録ノートがある。授業で扱った問題は，次の３通りであった。

【問題A】	【問題B】	【問題C】
① $y = 3x^2$ ② $y = 3x - 2$ x の値が０から１まで増加するとき，①と②の変化の割合はいくらだろうか？	① $y = 2x^2$ ② $y = 2x + 3$ ①と②の変化の割合はともに２である。正しいだろうか？	$y = 2x^2$ で変化の割合は２になるのは，①②どちらか？ ① x の値が０から１まで増加するとき ② x の値が－１から２まで増加するとき

　どの授業も目標は同じ（変化の割合が一定ではないことを理解する）だが，問題や問題の提示方法には違いがある。

　まず，決定問題の形で比較すると，問題Aは求答タイプ，問題Bは正誤タイプ，そして問題Cは選択タイプの問題である。タイプの違いにより，考える事柄に違いが生じたり，発問が変わったりすることがある。

　次に，問題Aと問題Bを比べると，a（比例定数）の値や x の変域の違いがある。変化の割合を計算する中で，「一定にはならない」ことを自らが実

感できるように改善した。一方，問題Ｃの x の変域はいずれも意図的に工夫したものであり，変化の割合を計算したとしても「一定になりそう」という結論しか得られない。その中から，生徒が「他の範囲だったら？」と疑問を持ち始め，「本当にいつでも一定なのか？」という課題が共有された。

　問題提示の仕方も授業記録ノートから確認することができる。例えば，問題Ａと問題Ｂは式（数値）→問題文で伝えられているが，問題Ｃになると，問題文→式（数値）の順に提示している。この小さな違いが問題への興味をわき起こしたり，直観的な予想につながったりするきっかけとなった。

　もうひとつ，中学校２年「平行と合同（多角形の内角の和）」の授業を紹介する。10年分の授業記録ノートがあるが，私は次の問題を継続して出題している。また，提示方法は，自分で六角形をかかせることからスタートしている点にも変わりはない。

【問題】

　（ノートに六角形をかかせてから）
　六角形の内角の和は何度だろうか。

　この授業では，問題や問題の提示方法に違いがないが，授業記録ノートを比較すると，生徒の考えの取り上げ方には，次の①〜⑤が記録されている。

　教師になった頃はたくさんの考えを出し合うことがよいと考え，５つをすべて扱った授業もある。しかし，それでは授業のねらいを達成できずに，公式の意味理解を図ることができなかっ

① 四角形と四角形に分ける
② 四角形と２つの三角形に分ける
③ ひとつの頂点から４つの三角形に分ける
④ 内部の１点から６つの三角形に分ける
⑤ 表をつくって帰納的に考える

たとの反省があった。授業を重ねるごとに③と④の考えを主に取り上げ，２

つを比較しながら一般化させることで，公式の意味や使い方を理解させる授業を行っていたことが授業記録ノートから確認できた。

　このように授業を振り返り，比較しながら教材研究を深めていくことは，授業記録ノートの活用方法のひとつである。

⑵　**授業記録ノートをテスト問題の作成に活用する**

　私は，定期テストを作成する際に，教科書と合わせて授業記録ノートを活用していた。生徒の理解の状況を見定めるには，「何を授業で指導したのか」が大切であり，指導した内容は授業記録ノートに明確に書かれている。

　授業記録ノートを次のように活用しながら，テスト問題を作成したい。
　　・複数の考えで解決できる問題で，授業で取り上げた考えを問う
　　・よりよい方法を見いだす問題で，授業でまとめたその根拠を問う
　　・計算などの知識や技能の問題で，授業で扱った例題を問う

　例えば，前ページの「多角形の内角の和」では，③と④の考えを授業で取り上げた。この場面のテスト問題として，私は授業記録ノートを活用して，次のように出題したことがある。

【テスト問題】
　太郎君は，六角形の内角の和を右の図を書いて求めた。太郎君の考えをもとに，n 角形の内角の和を式で表すと，次のア〜ウのどれになるだろうか。
　　ア．$180(n-2)$　イ．$180n-360$　　ウ．$180(n-1)-180$

　授業の中ではアとイを公式としてまとめたので，ウと考える生徒が多くいる。ここでは，六角形に引いた補助線とできた三角形の個数を数え，ウの式の意味を確認することが重要である。この問題は，授業記録ノートの存在によって，テスト問題を工夫することができた一例である。

3 　ポイント3　板書や映像で授業を振り返る

❶板書計画と板書で振り返る

(1)　板書計画と板書を比較する

　最近では手軽に板書を撮影することができ，授業記録として保存している先生が多くいる。その記録を授業改善に生かすようにしたい。

　板書は指導案の内容を書くだけではなく，板書を通じて生徒の意見を示したり考えを整理したりする役割がある。また，目に見える形で残されているものが板書であり，様々な方法で授業改善に活用することができる。私は，次の2点から板書記録が授業改善に役立つと考えている。

> ・指導案と実際の授業との違いを比較することができる
> ・板書記録を蓄積することで指導案作成に活用することができる

　指導案や板書計画をつくったとしても，予定通りにすすめることができなかったり，予想外の生徒の反応で授業の流れが変わったりすることがある。そこで，指導案と違った理由を板書と比較することで，次の授業を改善するポイントを整理するようにした。

　例えば，中学校3年「2次方程式（2次方程式の導入）」では，次の問題を提示した。

> 【問題】
> 　あるパーティーの参加者それぞれが全員と握手をすると，その回数は66回になったという。このとき，参加者は何人いただろうか。

　指導案では，求める人数を x として方程式をつくることを想定したが，授業①では表から規則を見いだし，帰納的に答えを求める生徒がほとんどと

なった。そこには式をつくる必要性がないことが原因として挙げられた。

授業①

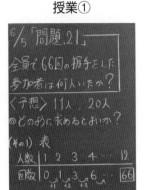

問題の改善
発問の修正

授業②

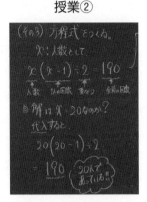

　本時は単元の導入なので，「2次方程式とは何か」を既習の知識をもとに
つかむことが大切である。そこで，授業②では，問題の数値を66回から190
回に修正し，発問として「表が一番いいのか？」という発問をすることにし
た。すると，半数以上の生徒が方程式に目を向けるようになり，2次方程式
の意味理解を促す授業を行うことができた。

　これらの授業結果から指導案を改めて修正すると，翌年以降の授業に活用
することができるので，板書記録を蓄積することは授業改善に効果がある。
なお，授業後の板書は次のようになっている。

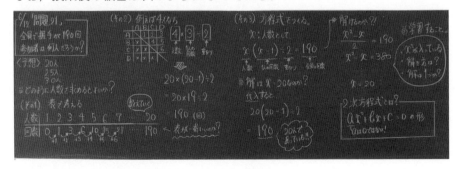

(2) 研究協議で板書を活用し，改善点を整理する

　研究協議では指導案を作成するが，私は次ページのような資料を同時に添

付するようにした。本時の授業に至るまでの経緯や研究の視点を全員で確認することができるからである。

　　・単元指導計画の中に提示する問題を入れる

　　・本時の目標や問題の変遷，その意図などを加える

　　・他の学級で行ったときの板書記録をのせる

　特に，板書記録は資料に入れるようにしたい。それは，本時の授業（板書記録）とこれまでの変遷（目標や問題など）や授業者の意図などを比較しながら，深い研究協議を行うことができるからである。研究協議では，板書を見ながら議論することがある。例えば，次のような視点で話し合いを深めたい。

---

① 問題がどのように変わっているのか

② 本時の課題や主な発問は効果的か

③ 生徒の考えはどのように反映されているのか

④ 本時の振り返りはどのように行われているのか

---

　(1)の授業例では，板書をもとに研究協議の中で次のような話し合いが行われた。出された意見をふまえて，授業改善の方策を検討し合った。

〈①の問題について〉

　　・教科書では長方形の面積を用いているが，それを使わないのはなぜか。

　　・表の変化から，方程式よりは関数的に考える生徒がいたのではないか。

　　・文字を使用しないで解決する生徒がいた。2次方程式につながるのか。

〈③の生徒の考えについて〉

　　・図をかいて線で結びながら数えている生徒の考えを紹介してもよかった。

　　・生徒の意見から，本単元の位置付けがイメージしやすい授業であった。

　　・2次方程式を解いている生徒がいたが，意図的に扱わなかったのか。

　指導案に添付した資料や板書をもとに協議をすすめることで，議論が焦点化され，参観者から授業改善の視点を複数得ることができた。

❷映像で授業を振り返る

⑴　映像から授業を客観的に分析する

　私は研究授業の録画をみたり普段の授業を撮影したりしながら，定期的に授業を振り返るようにした。指導案を書くことの他に，年に数回は自分の授業を撮影して，客観的に見直すことをすすめたい。映像で授業を振り返ることは，板書記録と比べて，次のような点を細かく確認することができる。

> ・指導案や板書にはない教師の細かな発問や指示
> ・指導案の留意点で示した内容が実際に行われているか

　私は，授業の中で自分が話している時間を記録したことがある。教師の発問や指示が多すぎて，生徒が主体的に学ぶチャンスを欠いてしまったことに気づいた。また，指導案では細かく留意点を示したものの，実際には予定通りに指導することができず，評価の仕方も甘いと感じられる授業もあった。

　例えば，中学校３年「相似と比」では，次の問題を提示して，三角形の相似条件を使った証明について授業をしたことがある。

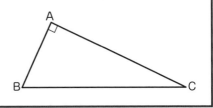

【問題】
　△ＡＢＣと相似な三角形をつくるためには，△ＡＢＣのどこに線分を引けばよいだろうか。

　実際の授業では，生徒や教師の説明や証明を書く時間が長いことがわかった。そこで，授業の映像を振り返りながら，次の２点を留意点に追加した。

　　・証明の書き出しと結論を確認し，板書してから個人で考えさせる。
　　・生徒の説明に対して，①質問・疑問，②改善点の順で発表させる。
　他の学級の授業に臨んだところ，生徒は証明のつながりを意識しながら説

明するようになり，教師が繰り返し説明することが少なくなった。また，すべてを書き写すことも減り，証明を書く時間の短縮につなげることができた。

(2) 生徒の活動から授業改善の視点を見いだす

映像のよさは，生徒の発言や様子がわかりやすいことである。授業記録や板書記録よりも生徒の反応が見えるので，本時の目標の達成状況も明らかとなる。例えば，次のような生徒の様子を映像の中から見つけたい。

- ・どんな生徒が挙手したり発言したりしていたのか
- ・教師が見落としていた課題の解決につながる発言はなかったか
- ・教師と生徒のやりとりや生徒同士のやりとりは適切であったか

授業を撮影するときには，黒板だけではなく後方からなるべく教室全体が映るようにしたい。生徒が入ることで指導案との比較や板書との比較ができ，授業改善のポイントを整理することにつながりやすくなる。

授業映像は，授業改善の他にも活用することができる。私は，生徒の考えを広げるために，他の学級の生徒の発表を TV に映したことがある。

例えば，(1)の授業例では，右の補助線を引き，3つの三角形が相似の関係にあることに気づかせたいと考えた。しかし，考えが出されないときに教師が紹介しても驚きや喜びに欠ける。そこで，他のクラスの生徒が発表した様子を録画しておき，TV で映し出すことに

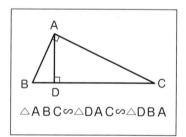

△ABC∽△DAC∽△DBA

した。実際に映像を見て，驚いた生徒が多数いた上に，「同様にして」を使った証明の仕方を指導することができた授業となった。

斬新なアイディアや数学的におもしろい発想などは，教師が紹介するよりも映像の方が生徒の理解が早い場合がある。これも ICT の活用方法のひとつである。

第3章

授業改善
の取り組み

1 授業改善のための研修や実践研究 － 4つのすすめ －

1 授業を観せてもらう，観てもらう

❶研究会だけではなく日常の授業でも

⑴ 日常の授業で

　私にとって授業改善のきっかけになり，授業改善につながったこととして最も大きかったのは，同じ学校の数学科の先生方の授業を観せてもらったり，先生方に観てもらったりしたことであった。私が昭和52年4月に東京教育大学附属中学校（翌年から筑波大学附属中学校に校名変更）に勤務したとき，数学科の教員は熊澤淡先生，増田幹夫先生，吉田稔先生，私の4名であった。50代，40代，30代の先生方から，私は多くのことを学ばせていただいた。

　授業のない空き時間には，「○○先生，今日の○時間目の授業を観せていただいてもいいですか」とお願いすることがあった。その度に，問題や問題提示の工夫，生徒の考えの取り上げ方やまとめ方，発問や板書の仕方などについて，学ぶことや新たな発見があった。

　参観のあとには，休み時間や昼休みなどの少しの時間に，「問題の数値を○○にした意図は何ですか」「○○という生徒の考えは予想していたのですか」など，質問をしたり学んだりしたことを話すようにした。

　また，「○○先生，私の○○の授業を観ていただきたいのですが……」とお願いすることもあった。特に次のようなときが多かった。

　　　◎自分ではじめて考えた問題をもとにして授業をするとき

　　　◎指導案をつくったが，しっくりこないときや迷いがあるとき

　忙しい中でも時間をつくって，いろいろなアドバイスをしていただいた先生方から，授業改善の視点や具体を学ぶことができた。

　このようなことを書くと，「今は忙しくて，そのような時間はない」「数学の教員はひとりだけなので，やりたくてもできない」という先生方もいるか

もしれない。確かにそのような状況もあるが，授業改善をすすめるためには，日常の授業を参観し合えるような『教師にとってのゆとり』がほしい。教員数を増やしたり加配の配置を見直したりすることなどを通して，授業についての話題が飛び交うような職員室にしたいものである。

⑵　研究会の授業で

　筑波大学附属中学校で毎年行う研究大会では，数学科としての研究主題を設定し，それに関連した授業を公開した。公開授業をすることも，授業改善につながる学びの機会になった。数学科では，研究大会で2時間の公開授業を設定し，2名の教員が授業を行った。その2つの授業に「比較」を取り入れたこともあった。※

　例えば，昭和61年（1986年）の研究大会では，「問題解決による指導－一般化・特殊化－」という研究主題のもとに1年と3年の比較授業を行い，同じ問題に対する生徒の反応の違いや特徴をとらえようとした。

　また，昭和63年（1988年）の研究大会では，「課題学習」を共通テーマにして2年と3年で授業を行い，課題学習の在り方を検討した。2年はストラテジーに関する内容を重視した授業，3年は既習内容の総合化を重視した授業であった。2つの授業をもとにしながら，課題学習の実施にあたっての課題や方向性が具体的に検討された。

　どちらの公開授業でも，意図したことは「比較」であった。2つの授業を比較しながら研究協議を行ったことによって，いろいろな観点から活発な意見が出され，有意義な研究協議になった。比較授業は，授業者にとっては授業力が試されるという厳しさがあり，単独の授業よりも指導案作成に多くの検討を要するが，得たものも多かったように思う。

　研究会では公開授業を積極的に引き受けて，参観者からの意見や助言をもらう機会をつくりたい。授業改善につながるであろう。

※相馬一彦．「授業研究会の改善と工夫－「比較」を取り入れることを通して－」．
　第33回数学教育論文発表会論文集．平成12年

❷他教科の授業からも学ぶ

(1) 他教科の授業から

　私は，空き時間に他教科の先生の授業を観せてもらうこともあった。数学以外の教科のいろいろな先生方の授業を参観する中で，他教科の授業から学ぶことも多かった。印象に残っている授業をいくつか紹介する。

□国語

　ある文章をもとにして，文と文のつながりや文章構成を論理的に考えるという授業であった。授業を参観したあと，その先生から「論理的な考え方は国語科で育てる。数学科でも目標にするのか？」ということをあえて質問されたことがある。「数学科の目標」や「数学科での論理的な考え方」について改めて考え，問い直すきっかけになった。

□社会

　地域の特徴を学ぶ授業で，２つの地域の町並みの写真を見せて「どのような違いがあるか？」という問題提示であった。生徒はいろいろな違いに着目した。そして，「なぜそのような違いができたのか」ということを多面的に探究する学習が始まった。比較することの意義を実感した。

□理科

　実験をする前に，「結果はどのようになるだろうか？」と予想させて，さらに「なぜそうなるのか」ということを考え，実験を通してそれを確認するという授業であった。生徒は，課題意識をもちながら主体的に取り組んだ。予想を取り入れることの意義を実感した。

□体育

　バスケットボールの授業で，「どのようにしたらうまくシュートできるか？」について生徒が互いに話し合う時間があった。生徒は，自分の工夫や失敗を紹介し合いながら，それを積極的に練習に取り入れていた。考えながら学ぶことの大切さと楽しさは，体育にも共通することがわかった。

　授業を観せてもらったあとには，少しの時間であっても，数学の授業との

共通点や違い，学んだことなどを話すようにした。話し合っている間に，その先生の授業観や教科の目標などを知ることもできた。

(2)　**教科によって異なる生徒の様子**

　(1)で紹介したように，他教科の授業を通して自分の授業を見直すことができるとともに，新たに学ぶことがある。それが数学の授業改善につながる。

　さらに，他教科の授業を参観することは，生徒についての理解を深めることにもつながるであろう。同じ学級でも他教科の授業を参観すると，数学の授業とは異なる学びの様子を目にすることがあった。

□担任として

　担任をしている学級で他教科の授業を参観すると，「この生徒は○○については積極的に取り組む」「○○のようなことに興味をもっている」「○○のような発想をすることが多い」など，生徒の新たな学びの様子を目にした。それは，数学の授業では見られない反応であった。担任として，生徒の理解を深めることにもつながったように思う。

□数学教師として

　他教科でも数学と同じような問いかけをしたり，同じような活動をさせたりすることがある。それに対して，生徒は教科（教師）によって異なる反応を示すことがあった。「数学の授業では○○のような様子は見られないが，なぜだろうか」「数学の授業でも○○のような問いかけをしてみよう」など，他教科での生徒の様子から数学の授業を見直すこともできた。

　他教科の授業から学ぶことを述べてきたが，小学校に比べて中学校では他教科の授業を参観する機会が少ない。教科担任制かどうかの違いが大きいであろう。しかし，これからはどの教科でも「主体的・対話的で深い学び」を一層充実することと，そのための授業改善が求められることに変わりはない。中学校でも教科の枠を越えて，校内研修会などで各教科の授業を参観し合って，それに基づいた授業研究をすすめるようにしたい。

2 授業に基づいた研究会をする

❶授業実践をもとに検討する

(1) 旭川の『数学共育会』

　「授業に基づいた」「授業実践をもとに」ということは，当たり前のことと受け止めている先生も多いであろう。確かに，日本では研究授業や授業参観などが当たり前のように行われ，私たちはそれに参加している。

　しかし，これは日本特有の教育文化であろう。他の国では，教員の授業を評価するために指導的な立場の人が授業を視察することはあっても，授業改善のために教員同士が他の先生の授業を参観しているということは聞いたことがない。

　お互いの授業実践から学ぶことは多い。旭川には，数学教育に関わっている教員が参加している『数学共育会』（会員約80名，発足27年目）がある。平日の18時過ぎから2時間ほど，会場校に集まって授業実践をもとにした次のような研究をすすめている。※

　　□例会に，自分の授業実践やこれから実践しようとしている指導案などを持ち寄って紹介し，他の先生から意見をもらう。

　　□年1，2回，会員が研究授業を行って研究協議をする。その授業の指導案は，例会で事前に検討する。

　それぞれの会員が行った実践に基づきながら具体的に検討がすすめられ，互いに学ぶことが多い。「○○の方がよい」「生徒の反応はどうなるだろうか」「自分もやってみよう」など，いろいろな観点からの検討が続き，授業改善につながる充実した時間になっている。

　近年，『数学共育会』のような自主的に参加する研究団体に集まる教員が

※沼澤和範.「数学共育会－教師と共に，生徒と共に－」『数学教育 No.742』. 明治図書. 2019年8月号

少なくなっているということを聞く。いろいろな要因があるだろうが，授業改善を一層すすめるために，このような研究会にも積極的に参加したい。

(2) 研究協議の在り方

日本の先生方は，研究授業と参観したあとの研究協議を通して学び，授業力を高めてきた。研究協議の意義は大きい。「よい研究協議」とは何か，研究協議の在り方を改めて考えたい。

私は，研究協議について次の①と②を大切にしている。

① 研究授業の目的によって「よい研究協議」は異なる

開催される研究会には目的があり，その目的をふまえて研究授業が設定される。したがって，研究授業の目的もいろいろで，それによって研究協議の内容やすすめ方は異なってよい。そして，研究協議を通して研究授業の目的が達成されれば「よい研究協議」といえるであろう。

例えば「授業をもとにして教材研究の仕方や指導法を互いに学ぶ」ことを目的にした研究会ならば，いろいろな観点から質問や意見を出し合うことが中心になる。「授業をもとに研究主題について検討する」ことが目的ならば，研究協議の柱を立てて検討し，一定の結論を導くことを目指すことになる。

② その授業の目標（ねらい）をふまえて協議する

どのような研究授業であっても，その授業で設定した「本時の目標（ねらい）」をふまえずに「よい研究協議」にはならないであろう。例えば，

　　○「本時の目標」が達成されたのか，なぜできなかったのか

　　○「本時の目標」はこれでよかったのか

という視点から協議することによって，授業のよさや提案が確かに共有され，参加した先生方の授業改善につながるであろう。

「よい研究協議」を行って，「新しい学びができた」「○○の大切さを確認できた」「○○について深く考えることができた」など，参加した先生方にとって実り多い研究協議にしたい。

❷定期テスト問題を持ち寄る

(1) テスト問題の検討

授業に基づいた研究として，定期テスト問題を持ち寄って検討することも授業改善にとって有効であろう。

先に紹介した『数学共育会』では，例会で定期テスト問題を検討することがある。例えば同じテスト範囲でも，教師によって次のような違いがあり，いろいろな意見交換が行われる。

① テストの形式

「解答欄を問題用紙に含めるのか，解答用紙を別にするのか」「評価の観点を書くのか」「配点を書くのか」など，テストの形式を比較して，その意図などを確認しながら検討する。

② 出題の仕方

例えば1次方程式を解く問題であっても，「答えだけを書かせる」「途中の式も書かせる」「解き方を説明させる」など，いろいろな出題の仕方がある。出題の意図との関連で検討し，「それならば○○のように変えた方がよい」「私は○○のように出題している」など，具体的な改善案が出されることが多い。

③ 問題の内容

定期テストで出題した，次のような問題について検討したことがある。

【問題】

「正の数，負の数」を学習して，「なるほど！」と感心したり，「こんな考え方があるんだ！」と思ったことを自由に書きなさい。

「なぜこのような問題も入れたのか」「どのような解答を期待しているのか」「採点基準をどうするのか」「自分ならば定期テストの問題にはしない」など，いろいろな質問や意見が出された。

⑵　テスト問題と授業

　⑴の検討の中で，「どのような授業をして○○のようなテスト問題を出題したのか」など，日常の授業との関連が問われることも多い。テスト問題を検討することは，日常の授業を見直す機会にもなる。

　テスト問題の作成においては，次の①と②も大切にしたい。※

①　授業との関連を重視したテスト問題

　授業との関連は当たり前のことであり，取り上げる必要のないことだと思われるかもしれない。ところがテスト問題に目を向けると，実践している「問題解決の授業」では「なぜ？」という理由を強調したとしても，テスト問題では「〜を求めなさい」的な，結果だけを問う問題を与えていることはないだろうか。

　授業との関連を重視した，次のようなテスト問題も作成したい。

　　・授業で強調した事柄を評価する問題

　　・その先生の授業を受けていないとできないような問題

②　結果だけを覚えていてもできないようなテスト問題

　数学のテスト問題は，とかく知識や技能に関するものが中心になりがちである。また，公式や定理を覚え，それを適用すれば解くことができるような問題になりがちである。

　授業中に理由を考えたり，いろいろな考えを出し合ったことを問うなど，次のようなテスト問題も作成したい。

　　・過程や考え方を評価する問題

　　・確かに理解しているかどうかを評価する問題

　なお，複数の教員でテスト問題を作成するときには，「どのような授業をしたのか」を確認し合いながら検討するようにしたい。「授業で○○を指導したので，△△の問題を出題したい」などのやりとりは，お互いの授業の見直しや授業改善にもつながるであろう。

※相馬一彦. 『数学科「問題解決の授業」』. 明治図書. 1997

3 授業比較をする

❶他の学級での授業と比較する

(1) 一人でできる授業比較

　私はこれまで，複数の授業を比較することによって教材研究が深まり，それが授業改善につながることを強調してきた。

　例えば次のように，「一人でできる授業比較」がある。※

　　ア　同じ学習指導案を用いた他の学級での授業

　　イ　授業の目標は同じでも，学級によって問題を変えた授業

　　ウ　授業反省をふまえて改善した他の学級での授業

　私が中学校で教えていた頃は，このような比較を意図的に行うことによって，学んだり新たに気づいたりすることが多かった。上のア，イ，ウに対応させると，例えば次のようなことである。

　　ア　同じ指導案で授業をしたのに，なぜこれほど変わったのか？

　　イ　問題の数値を少し変えただけなのに，なぜ生徒の反応がこんなにも
　　　　違ったのか？

　　ウ　改善した指導案で授業をしたら，前の学級でうまくいかなかった所
　　　　がねらい通り展開できた。一方，他に改善した所については，なぜ生
　　　　徒の反応がよくなかったのか？

　私は，授業比較を通してこのように気づいたことや改善したことを指導案に書き込むようにしていた。同じ学年の５クラスを担当することが多かったので，次の学級の授業ではさらに改善し，比較を意図的に取り入れた授業を行うようにした。このような積み重ねが授業改善につながったように思う。

　しかし，「授業比較のよさや必要性はわかるが，日常的に行う時間はない」という先生もいるであろう。私の場合，問題の数値を変えたり，問題提示の

※相馬一彦・国宗進・二宮裕之編著.『数学の「よい授業」』. 明治図書. 2016

仕方を変えたり，生徒の考えを取り上げる順番を変えたりすることが多かった。ちょっとした変更や改善，それも１つか２つでよい。無理なく，日常的に継続できる授業比較を行いたい。

(2) 他の先生との授業比較

　学年ひとクラスの場合は，(1)のように他の学級で比較することはできない。しかし，「他の先生との授業比較」をすることはできる。

　例えば，次のような授業比較である。

　　ア　他の先生の授業を参観して自分の授業と比較する

　　イ　同じ指導案での授業を他の学校でもやってもらい比較する

　　ウ　同じ内容について異なる指導案で授業をして比較する

　アでは，私は参観する目標を明確にして比較するようにした。例えば，「問題提示の仕方」「生徒の考えの取り上げ方」「生徒の思考の様子」など，自分が参考にしたいことに焦点を当てて参観することが多かった。それまでの自分の授業を見直し，改善する機会になった。

　イとウは，それほど多くはできない。年に数回でよい。私は，例えば次のようなときに知り合いの先生にお願いして授業をしていただいた。

　　　・他の学校でも生徒の反応は同じだろうか。

　　　・他の先生が授業をしても自分と同じような展開になるのだろうか。

　　　・２つの指導案をつくった。どちらがよいだろうか。

　実施したそれぞれの授業を持ち寄って比較検討することを通して，自分だけでは気づかなかった発見があったり，授業改善のヒントをもらう機会にもなった。

　なお，授業を実際に参観して検討することはできなくとも，授業をビデオに撮って互いに交換することで授業比較をすることもできる。また，メール等のやりとりで検討することもできるであろう。

❷研究会でも授業比較を取り入れる

(1) 研究会としての授業比較

前ページの「他の先生との授業比較」と同じような授業比較を研究会として意図的に行うこともある。2つの例を紹介する。

① 学習指導案の検討過程で授業比較を行う

旭川市教育研究会算数数学部では，研究大会で公開授業をするときに，指導案の検討を研究グループで何度か行っている。検討の過程では，授業者が作成した指導案をもとに，次のような授業比較を取り入れている。

- ・どの指導案がよいのか，他の学校で事前に授業を実施して検討する。そこには，授業者や研究グループのメンバーも参加する。
- ・作成した指導案をもとに他の学校でも授業をして，それをふまえてさらに改善した授業を研究大会当日に行う。

② 研究会当日に授業比較を行う

日本数学教育学会『第4回中学校数学授業づくり研究会』（平成31年1月：中野区立緑野中学校）では，授業比較を取り入れた公開授業が行われた。中学校1年「作図の利用」と中学校2年「直角三角形の合同条件」の同じ内容について，それぞれ3名の先生が授業を公開した。6つの指導案には，「本時の目標」と「本時の展開」の他に，「本時の位置付け」と「本時の主張」が書かれていて，それを読むと授業比較を行う意図が伝わった。

私が参観した「直角三角形の合同条件」の3つの指導案を比較すると，「本時の目標」がすべて異なり，それに伴って授業展開も異なるものであった。授業を比較することによって，研究協議ではいろいろな観点からの質疑が行われ，新たな発見や学びのある有意義な時間になった。

(2) 上川教育センターでの「改善授業」

私は，実施した授業を改善して他の学級で行う授業を「改善授業」と名付けている。旭川市にある上川教育研修センターの「数学科指導研修講座」を

担当したとき，２日間の講座の中で改善授業を実施したことがある。

　　１日目（午前）講義　（午後）提言と協議，実践交流
　　２日目（午前）授業Ⅰ，研究協議Ⅰ　（午後）改善授業Ⅱ，研究協議Ⅱ

　２日目が改善授業である。午前に講師の岩田俊二先生（当時，旭川市立神楽中学校）が授業Ⅰを行った。参観したあとの研究協議Ⅰでは，次のようないろいろな観点から検討が行われた。

　　　・本時の目標について　　　・はじめの問題について
　　　・指導過程について　　　　・板書内容や発問について
　　　・最後に取り上げた練習問題について

　この研究協議Ⅰをふまえて，午後には改善授業Ⅱを行うという前提での研究協議であった。午後の授業では，「具体的にどう改善したらよいか」という観点からの意見が活発に出された。それぞれの意見は改善授業Ⅱに直接反映されることから，ほどよい緊張感のある研究協議になった。

　そして最終的には，改善授業Ⅱでは問題や展開は変えずに，次の３点を取り入れることにした。

　　　・はじめの問題を提示したあとで，正しいかどうかを予想させる
　　　・考え方を板書としてまとめる
　　　・最後の練習問題をより深く扱う

　研究協議Ⅰで出された意見や改善点をもとにして，昼休みに指導案の一部を改善した。そして午後，進度を同じにしておいた他の学級で岩田先生が改善授業Ⅱを行った。改善授業Ⅱをふまえた研究協議Ⅱでは，授業Ⅰと比較しながらいろいろな観点からの深い検討が行われた。その中で，「最後の練習問題は本時では扱わない方がよかった」など，研究協議Ⅰで意見が分かれた点についても確認することができた。

　改善授業を取り入れたひとつの試みであったが，参加した先生方一人ひとりが主体的に授業研究に取り組み，共に学び合える研究会になった。ひとつの授業とその研究協議を行うのと比べて，考慮しなければならない条件はいろいろあるが，授業比較を取り入れた深い学びができたように思う。

4 改善の過程も記録に残す

❶結果だけではなく過程も大切にする

⑴ うまくいかなかった授業からの改善

　教材研究を十分に行った授業であっても，「納得できるよい授業ができた」ということはそれほど多くはないであろう。むしろ，反省点や改善点のある授業の方が多い。授業改善のために，うまくいかなかった授業から学ぶことも大切にしたい。うまくいかなかったという結果だけを残すのではなく，その結果に至る過程を残すのである。

　私は中学校で教えていた頃，授業後に考えた次のようなことを指導案に赤字で書き込み，記録するようにしていた。

　　　・なぜうまくいかなかったのか

　　　　「○○という生徒の考えを先に取り上げてしまった」

　　　　「予想外の生徒の反応○○があった」など

　　　・次の授業では，どこをどのように改善したらよいか

　　　　「授業の目標を○○にすべきだった」

　　　　「○○より△△を先に提示した方がよかった」など

　なお，長い時間をかけて多くの記録をすることは日常的には難しい。短時間で1〜3程度の内容をメモすることが多かった。同じ授業を次に行うときに，このメモを確認することが授業改善につながったように思う。

　私はこのようなことを大学の授業でも継続している。授業の指導案には，「来年は○○の内容を追加する」「○○の資料を△△に変える」などのメモが赤字で残っている。それをふまえて，次年度の授業を構想している。

⑵ 板書内容の記録

　板書には授業の流れが残っていて，板書内容を見ると1時間の授業全体を大まかに把握することができる。

板書内容を記録として残すことには，次のようなメリットがある。

① 　自分の授業記録として

　授業ごとに作成している指導案だけを見ても，行った授業の実際を次年度に思い出すことは難しい。それに対して，板書内容を記録しておくと，授業の流れとともに，生徒の反応なども確認することができる。

　板書内容の記録は，授業を改善して指導案を作成するときに大いに役立つ。さらに，記録として残した板書内容を比較したり振り返ったりすることは，自分の授業改善に有効に働くであろう。今は，写真で簡単に板書内容を記録することができる。ぜひ実践したい。

② 　授業研究の機会としても

　札幌市の小学校の校長先生から，次のようなことを聞いた。

　　「行った授業の板書を写真に撮って，職員室の専用スペースに自由に貼るようにしている。また，板書の写真を教職員の共有サーバー内にデータとしても残し，誰でも見ることができるようにしている。学年や教科，単元で分類することもできる。それを見た先生方が授業について質問をしたり改善点を話し合っている様子が見られる。授業についての話題が職員室で多くなった。」

　日常的にできる授業研究の機会として，注目すべき試みだと思う。「こんな授業をしてみたが，先生方の意見を聞きたい」「授業でうまくいかなかった○○について教えてもらいたい」という授業について公開するのであろう。同学年の先生からの「私も同じような授業をしたが，子どもの反応は○○だった」というコメントや，ベテランの先生からの「ここは○○にした方がよかった」などのアドバイスが授業改善につながるように思う。

　中学校でも，板書内容を記録して紹介し合うことで，このような授業研究の機会ができるであろう。なお，授業参観のあとの研究協議でも，指導案に加えて板書内容（写真に撮って印刷したもの）を用意したい。実施した授業の全体と過程が見えて，授業に基づいた協議が深まるであろう。

❷検討した過程も公開する

⑴ 過程，意図や工夫をレポートとして

　指導案を見ただけでは，どのような検討を経てこのような指導案ができたのかはわからない。また，意図したことや工夫した点が伝わらないことも多い。できあがった指導案だけではなく，検討した過程，意図や工夫を学ぶことが授業改善につながるであろう。

　私は大学の授業の中で，指導案を作成させて模擬授業をすることも取り入れているが，その中で，作成した指導案だけではなく，次のようなこともレポートとして提出させるようにしている。

　　　□自分たちの班では「どのような手順で，何を検討したのか」，検討し
　　　　た過程をまとめる。
　　　□指導案で意図したことや工夫した点をまとめる。

　模擬授業を行ったあとに，指導案だけを見て研究協議をするのと比べて，レポートを通して互いに学ぶことのメリットは大きい。研究協議では，実施した模擬授業についてだけではなく，レポートもふまえて，例えば次のような意見が出されることも多い。

　　　・自分たちの班も○○について検討すべきだった。
　　　・○○という意図だったならば，△△の方がよかったのではないか。
　　　・○○という工夫はよい。教師になってぜひ実践したい。

⑵ 学習指導案の資料として

　私が参加している算数・数学の研究会では，研究授業の指導案だけではなく，その資料として「検討した過程」も公開することが多い。

　2年前に旭川市で行われた北海道算数数学教育研究大会（全道大会）の指導案には，どの授業についても次のⅠとⅡが資料として加えられている。その内容の一部を紹介する。

〈Ⅰ　授業構築の視点〉

　・研究主題である「考える力」を育てる学習活動を展開するために，「数学的活動を充実させること」を主たる研究のねらいとしてきた。

　・授業構想の段階では，数学的活動を取り入れる場面を明確にすることで，問題の解決過程における本時の目標との関わりが明確になり，生徒の予想される反応を教師自身がしっかりとおさえることができると考えた。

　（どこに，どのような数学的活動を位置付けたのかまとめられている）

〈Ⅱ　学習指導案検討で討議された内容〉

【「本時の目標」の変遷】

　・全道大会での授業に向けて指導案検討会議を幾度か実施し，本時の目標について吟味した。

　（目標の変遷がまとめられている）

【「問題」の変遷】

　・提示する問題については，何度も話し合いを重ねた。基本的には決定問題の形をとることにし，直観的に予想させるために，どのように問うのがよいかを議論した。

　（第1次案から最終の第5次案まで，それぞれの問題を示して，その意図や工夫点などが説明されている）

　研究協議では，この資料についても説明した上で，実施した授業について質疑が行われる。できあがった結果としての指導案だけではなく，どのような検討を経てこのような授業になったのかがわかる資料によって，より深く，充実した研究協議になる。さらに，資料としてまとめられている「検討した過程」そのものが，参加者にとって授業改善の参考になるであろう。

　授業で「結果だけではなく過程を重視する」のと同じように，授業改善においても過程を重視することを大切にしたい。紹介されている方法や技術，型などの結果をまねるだけではなく，その目的を確認し，過程や意図などをふまえた上で授業改善に取り組んでいきたい。

2 5つの授業改善例

1 授業改善例1 26年，改善方法の移り変わり

上村　康人（岩見沢市立緑中学校）

❶自分で問題をつくって授業をしてみたかった頃

平成4年，私が大学3年のときに相馬先生が北海道教育大学旭川校に着任され，問題解決の授業を学びながら相馬ゼミの1期生として卒業した。教育実習でお世話になった田中義彦先生（現旭川市立旭川中学校長）もそのスタイルを実践されていて，私にとっては「数学の授業といえば問題解決の授業」という環境で育つことができた。

現場に出た初年度，教科書をうまく使いきれず，「多様な考えを導き出せるおもしろい問題をつくり，考えることが楽しい授業をしたい」という意識が強かった。見た目が派手で外発的な動機づけに頼った問題を用意したこともあった。若かったこともあり，生徒はついてきてくれたが，独りよがりな授業が多かったのではないかと振り返って思う。

❷よい授業の条件を考えるように

経験を積むうちに，「よい授業」について考えるようになった。それはもちろん私が「おもしろそうだからやってみたい」というだけで決められるものではない。授業の基本は「誰に，何を，どのように教えるのか」である。

初任から数年間は「どのように」の部分に偏っていた。相馬先生をはじめ，多くの先生方が述べられてきたように，問題解決の授業は特別な問題を扱う特別な授業ではない。生徒にも，自分にも，過度な負担を強いるような授業では日常的に行うことはできないし，すべきではないと気がついた。

目の前の生徒をよく見て実態や特徴をつかみ，指導内容をしっかりと理解した上で方法を考える。これらをふまえて授業で扱う問題を決めるようにな

っていった。一から考えようとするだけでなく，教科書や実践書等の書籍，研究会で得た資料や市販の問題集等も参考にするようになった。

❸ 「積み重ね，比較し，考える」を繰り返して

(1) 授業記録ノート

新採用から26年目になるが，これまで受け持ったすべての学級で，大学時代に相馬先生に教えていただいた「授業記録ノート」の取り組みを継続している。教師が用意する100枚の分厚いノートに，学級日誌のように輪番で生徒が書く。板書を中心に「授業の記録」をしてもらうのである。

生徒とのコミュニケーションツールとして，ノート指導の機会としてなど多様な効果が得られるものであるが，振り返ってみると，私の授業改善には無くてはならない材料となっていた。記録のあとには，授業についての生徒の感想があり，その反応も時には改善のヒントとなった。

① 同学年で複数クラスを担当する際，学級ごとの改善を試みる

・問題文の語尾の変更　　　　・問題の数値や図の変更

・予想のさせ方や取り上げ方の変更　・正解を与えるタイミングの変更

など，課題が見つかれば，次の学級で改善を試みることができる。

② 過去の授業記録ノートを傍らに置き，より良い授業，問題づくりを試みる

毎年，以前その学年を担当したときよりも「バージョンアップ」したいと考える。授業記録ノートがあることにより，過去の授業と今の自分の考えとの比較が可能になる。忙しくて追い詰められたときには，「前年度踏襲」となることも少なくないが，それでもこのノートがあることの意義は大きい。

・1年分が1冊になっているので，1単位時間だけでなく，単元を見通して計画を見直したり，単元をまたいだ改善の視点をもつことができる。

・何度繰り返しても手ごたえを感じ，「ここではやっぱりこの授業」と思える授業が少しずつ増えていく。

・当時の生徒の名前があり，その子の文字で記録と感想が書かれている。私のコメントもあり，学級の雰囲気や反応なども思い出すことができる。

(2) 研究授業やレポート作成などもきっかけに

　10年以上前，北海道の研究大会で授業を行う機会を得た。移行措置を目前に控えた時期で，公開する授業はそれを先取りしてみようと決めた。

【問題】
　ＡＣ∥ＤＥのとき，図のアとイどちらの面積が大きいか。

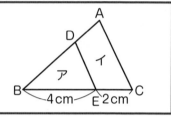

　中学校３年「相似比と面積比」の授業である。アとイの面積を比較する問題を考え，時間をかけて準備をした。

　当日，それなりに手ごたえもあったが，三角形の面積の比を求める際の処理が生徒にとっては複雑で，満足のいく授業とはならなかった。改善を試み，最近は問題の図を，図①のように変えている。

　まずノートに２つの同心円をかかせる。任意の半径を２本引かせて扇形をつくらせ，「どちらの面積が大きいか」と問題文を加える。

　三角形の場合にはイの面積だけを考えようとする生徒が出てくる。一方図①では，大小２つの扇形の面積が必要になる。元が円なので自然な形で式に２乗が現れ，相似比との関連を導きやすい。

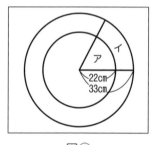

図①

　２つの授業は全く別の展開になり，後者では生徒の考えも，本時の目標にぐっと迫っていく。この授業に辿り着くまでには，いくつかの過程があり，正方形や円などの具体例から帰納的に相似比と面積比の関係を類推させ，「面積比は相似比の２乗」とまとめて練習，という一方通行な流れで指導したこともあった。検討と改善の結果，今はこの授業となっている。

❹普段から問題づくりを楽しむ

(1)　それは当たり前なのか？

【問題】
　$x^2 - 8x + 15$　の式の値を求める。x の値が異なれば，式の値も異なるといえるだろうか？

　中学校３年「２次方程式」で，２次方程式とその解の意味を理解することが目標の授業である。教科書では２次方程式を定義したあとで $x^2 - 8x + 15 = 0$ の左辺にいくつかの値を代入して計算する。式の値が０となる際の x の値について，それらが「どちらもこの方程式の解である」と教えている。

　私も似たような流れで授業をつくっていたが，「代入する値が違うと式の値も異なると考える生徒の方が多いのでは？」と思いつき，この問題を考えた。生徒の予想は「いえる」に偏る。ある値を中央に対称な形で同じ値が現れることに生徒は驚き，同じ値が当たり前に存在することを知る。「＝０」になるときの x の値が２次方程式の解ということも理解しやすい。

(2)　**必要な要素をあらかじめ問題に組み入れる**

　中学校１年「正負の数」で，仮平均を使った平均の求め方を学ぶ授業である。ここ数年，次の流れで授業を行っている。

　　　　<u>ストップウオッチを見ないで10秒ちょうどで止めてみよう。</u>

　教師がやって見せたあと，３人から４人の班に１台ストップウオッチを渡して全員に実験させ，タイムを記録させる。課題として

　　　　<u>どの班が最も10秒に近かったのかを判断する方法は？</u>

を問う。「合計」や「10秒との差の合計」，「平均」などの考えが出される。

　この授業のよさは，仮平均がはじめから存在するところにある。10秒をねらってタイムを競うので，値ははじめから10秒に近く，10秒との差の考えにも生徒の抵抗感は少ない。これまでいろいろな授業を試みたが，生徒が仮平均の意味やそれを活用するよさを実感しながら学べる授業に改善できた。

2 授業改善例2 あこがれだった「問題解決の授業」

沼澤　和範（旭川市立中央中学校）

　本書の原稿を依頼され，私が最初に頭に浮かんだことは，「問題解決の授業のよさはわかるが，実践することは難しい」「問題解決の授業をしようと試みたが，以前の指導方法に戻ってしまっている」という先生方に，私の経験を伝えたいということであった。

　そこで，問題解決の授業への思いとともに，いくつかの授業改善の方法について紹介したい。

❶「問題解決の授業の日常化」を目指して

　手の届くところに置いてある１冊の『数学教育』がある。それは，『「問題解決の授業の日常化」を目指して』と特集が組まれた2002年９月号である。

　2000年春，私は渡島管内（函館市を含む11市町で構成）にある小さな町で中学校数学教師としての１歩を踏み出した。その中学校には数学教師は新卒の私１人で，地元の公立高校は毎年定員を大幅に割り，生徒はよほどのことがない限り，全員が地元の公立高校に進学できる環境だった。早朝から漁に出かけ，授業中は眠気に勝てず机に伏したままの生徒もいた。

　教科書の例題をわかりやすく（私なりにではあるが）説明しながら授業を行う日々に限界を感じていたある日，書店で手にした１冊の雑誌が，前述の『数学教育』である。その特集を読みすすめていくと，「新卒３年目，私の『問題解決の授業』」というテーマを見つけた。自分と同じ新卒３年目の先生が，こんなにも工夫した問題で授業を，こんなにも生徒の考えを生かした授業を，こんなにも楽しそうな授業を…。

　「『問題解決の授業』ができるようになりたい。」と，強く思った瞬間であった。

❷「問題解決の授業」の実践，しかし，生徒の反応は…

「問題解決の授業」に関する書籍を集め，自分なりに「問題解決の授業」
ができそうな指導時間を見つけて実践すると，予想外の生徒の反応が返って
きた。説明中心の授業を受けていた生徒にとっては，自分たちで問題を解決
することよりも「問題の解き方を早く説明してほしい」，多様な考えで問題
を解決することよりも「効率的な解決方法を早く教えてほしい」という反応
であった。

　「問題解決の授業」で，生徒が主体的に学び続ける姿を望む私の気持ちと
は裏腹に，「考える時間よりも，より多くの練習問題に取り組み，問題が解
けるようになりたい」という生徒との気持ちの間で，試行錯誤が続いた。

　次に赴任したのは，上川管内（旭川市を含む22市町村で構成）の中学校で
あった。数学教師は私１人という環境ではあったが，前任の先生が「問題解
決の授業」を実践されていた。生徒の反応は全く違った。生徒は自分たちで
考えること，自分たちで問題を解決することが日常的だったのである。

　考えることの楽しさを実感させることができていなかったのは，正しい解
法だけを追求させてしまっていたのは，私自身であったことを痛感した。

❸渡島から上川，旭川に来て学んだこと

　私は２校目から上川管内の中学校に勤務している。近隣の学校には，「問
題解決の授業」を実践している先生方が多く赴任していたため，生きた「問
題解決の授業」を参観することができ，そして直接指導していただくことが
できた。

　ここでは，地域が変わって私自身がどのようなことを学んできたのか，ま
た，研究会や研究大会に参加しながら学んできたことについて述べる。

　「問題解決の授業」に取り組み始めた当初は，専門書を参考にしながら，
生徒に提示する「問題」について教材研究することが多かった。生徒に提示
する「よい問題」をつくることが教材研究の大半を占めていた。地域が変わ
り，「問題解決の授業」を多く参観する機会を得ると，同じ問題を提示して
も（同じ指導案で授業を行っても），授業者やクラスによって授業の展開は

大きく異なることを体感した。

　すなわち，よい「問題解決の授業」を行うためには，「問題」そのものとともに，それ以外にも重要な要素が多々あるということである。その中でも特に重要だと考える次の(1)，(2)について，問題をもとに説明する。※

【問題】
　右の図のように，1辺が1cmの正方形を使って，段数を増やしていく。段数が増えることにより，変化するものを3つ以上書き出そう。

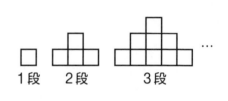

1段　　2段　　　3段　　…

(1)　問題提示の仕方

　この問題を提示すると，生徒から次のような予想が出された。

・高さ　・個数　・底辺の長さ（横幅）　・周りの長さ
・面積　・頂点の数　・重なっている辺の数　　など

　実際の授業では，「1辺が1cm」を「1辺が2cm」と変更した。数値を変更した理由は，正方形の1辺の長さを2cmとすることで個数と面積に違いが生じ，個数で関数 $y=ax^2$ を理解したあとに，練習問題として面積を扱うためである。

　また，問題提示については，図を板書しながら（生徒にもノートにかかせながら）行った。どのような数量が変化するのかを，生徒が実際に図をかきながら考えることができるからである。問題の数値や，図形の向き，どのように提示するのが適切なのかを吟味する必要性を学んだ。

※相馬一彦編著.『「問題解決の授業」に生きる「問題」集』. 明治図書. 2000

⑵ 生徒の思考の促し方

　思い通りの反応が生徒から得ることができなかったとき，一部の生徒の発言に飛びつき（その生徒以外はほとんど思考できていない状態なのにもかかわらず），授業をすすめることはないだろうか。私も当初は，授業をうまくすすめられない焦りからそのようなことがあった。

　他の先生方が，どのように生徒の思考を促しているのかに興味をもちながら研究会に参加すると，「問題解決の授業」を実践している先生方の「発問」（指導案には「主発問」は記載されているがそれ以外の発問）が絶妙であることに気づいた。例えば，次のようなものである。

【問題提示の場面】　（黒板に図をかきながら）
　　　　　　　　　　「3段のときはどうなるだろう？」
【予想の場面】　「○○さんは高さって考えたんだね。同じ考えの人！」
　　　　　　　　「よくその数量を思いついたね。」
　　　　　　　　「なるほど，そこの長さに注目したんだ。」
【課題設定の場面】　「どんな関係だろうか？」
【個人思考・集団解決の場面】　「関係を調べる方法は？」
　　　　　　　　　　　　　　　「なぜ比例だと判断できる？」
　　　　　　　　　　　　　　　「関係を式で表すとどうなる？」　など

　普段，授業をすすめていくと，当然のことながらつまずく生徒もいるし，すぐに教師の意図する考えをもつ生徒もいる。集団で学ぶことのよさは，生徒が他者との考えと自分の考えとを比較したり，組み合わせたりすることで，考えの幅を広げたり，多様な考えで問題を解決する能力を養うことができる点である。

　教師が生徒の発言をつなげたり，説明させたり，説明したりしながら，教師にとっても生徒にとっても楽しい「問題解決の授業」を実践できるように，今後も努力していきたい。

3　授業改善例3　授業力を高めるために

早川　裕章（旭川市立神居東中学校）

授業力を高めるために必要な要素は次の３つであると考えている。

---

❶どのように授業の準備をするか
❷どのように授業力を高めるか
❸どのように授業力の幅を広げるか

---

❶どのように授業の準備をするか

　誰もが授業構築に向けて「事前の準備」をしていることと思うが，私は次ページのような「授業ノート」をつくって授業準備を行っている。

　「授業ノート」には，授業づくりで大切にしているポイントを端的に書いている。例えば次のようなポイントがある。

① 本時の目標，目標を達成するための課題，課題を引き出す問題，まとめなど，問題解決の授業の流れを記す。

② 問題の提示方法
図や式の与え方，問題文のかき方などを記す。

③ 机間指導の方法
誰がどんな考えをしているのか，誰の考えをどのように取り上げるのか，すすまない生徒にはどのような手立てをするのかを記す。

④ 主発問の明確化
授業で重点に置く部分，生徒に思考させたい部分など，意図的に問いかける発問を記す。

⑤ 板書の工夫
考えを比較したり，思考・判断がしやすくなるように，ポイントとなる部分のチョークの色の工夫などを記す。

⑥ 授業後の反省
　　生徒の予想や多かった反応，誤答，有効な発言，問題提示や発問，生徒の考えの取り上げ方はどうだったかなど，次の授業や次年度以降に生かしたい情報を記す。

　「授業ノート」を作成するよさは，例えば次のようなものがある。

　大切なのは「どれだけ目的をもって事前に準備をするか」と「反省を蓄積して次に生かすか」である。

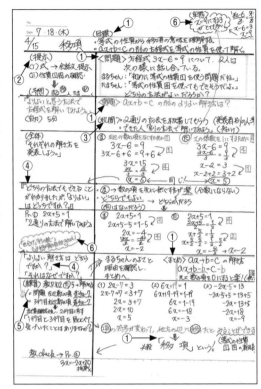

・授業のポイントを整理して授業に臨むことができる。
・問題や図をかくことで，生徒の視点に立った様々な配慮事項に気づくことができる。
・「予想される生徒の反応」がノートに蓄積されるため，生徒の様々な反応に対応できるようになる。　など

❷どのように授業力を高めるか

　授業力を高めるためには，やってきたことの実践を多くの先生方に見ていただくことが一番である。ぜひ，多くの研究授業に挑戦し，たくさんの示唆

をいただく経験を重ねていきたい。

　研究授業を行う際は，単元の指導計画を十分に考えて作成したい。単元を通してどんな力を育てるかを考えることで，研究授業を終えたあとの成果はグンと上がる。さらに，年に２，３本の研究授業を10年継続して行えば，全学年のおおよその単元の指導計画を作成することになる。どの場面でも一度は研究授業を行ったという経験ができれば，それは大きな自信となり，確かな授業力に変わっていく。他にも，「各種研究大会や勉強会に参加し，授業を見る機会や研鑽を積む機会をもつ」「多くの先生方に呼びかけ，普段の授業を見ていただく機会を設ける」など，授業力を高めるための挑戦を多くしていきたい。

❸どのように授業力の幅を広げるか

　４月の授業開きが始まる前に，必ず前年度を振り返り，次の１年間どんな授業改善をするかの目標を立てるようにしてきた。目標をもって１年間継続して実践し，自分なりにまとめることで，「１年間の実践」が授業力の幅を広げることにつながった。例えば，私は教師になってからの最初の３年間，次のような目標を設定して取り組んだ。

> １年目：大学で学んできた「問題解決の授業」を実践するために，毎時間指導案をつくって授業を構築する。
>
> ２年目：授業の振り返りや授業のポイントがわかりやすくなるよう，板書計画を作成する。
>
> ３年目：（前年度，教師が生徒に問う指示や発問によって生徒の思考や発表に大きな違いがあることに気づく）
> 指示や主発問を計画的に準備する。

　他にも，「あとから振り返りやすいノートづくりの工夫」「『数学のよさ』を感じる指導の工夫」「『活用』場面で学び合う時間を取り入れる工夫」「総合的な学習の時間と数学の授業を関連させた授業の構築」など，各学校で求

められる課題もふまえながら，毎年課題に取り組んできた。

　例えば，「あとから振り返りやすいノートづくり」の実践については，１年を通して気づいたポイントを右のようにまとめた。次の年からは，授業開きで生徒に配付し，ノート指導を継続して行っている。

　最初からすべてのことを実践するのではなく，重要だと考える課題をひとつずつ解決していく姿勢で臨んできた。生徒に目標をもつことを求めるように，教師も目標をもち，実践，反省，次に生かす方法を考えるというサイクルを常に持ち続けていくことが授業力を高める上でとても大切である。

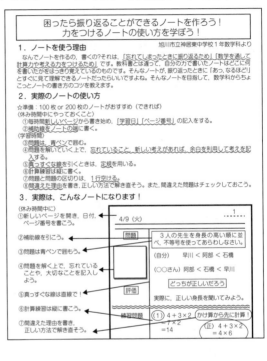

困ったら振り返ることができるノートを作ろう！
力をつけるノートの使い方を学ぼう！

旭川市立神居東中学校１年数学科より

１．ノートを使う理由
　なんでノートを作るの，書くの？それは，「忘れてしまったときに振り返るため」「数学を通して計算力や考える力をつけるため」です。教科書とは違って，自分の力で書いたノートはどこに何を書いたかをはっきり覚えているものです。そんなノートが，振り返ったときに「あっ，なるほど！」とすぐに見て理解できるノートだったらいいですよね。そんなノートを目指して，数学科からちょこっとノートの書き方のコツを教えます。

２．実際のノートの使い方
☆準備：100枚 or 200枚のノートがおすすめ（できれば）
〈休み時間中にやっておくこと〉
　①毎時間新しいページから書き始め，「学習日」「ページ番号」の記入をする。
　②補助線をノートの端に書く。
〈学習時間〉
　③問題は，青ペンで囲む。
　④問題を解いていく上で，忘れていること，新しい考えがあれば，余白を利用して考えを記入する。
　⑤真っすぐな線を引くときは，定規を用いる。
　⑥計算練習は縦に書く。
　⑦問題と問題の区切りは，1行空ける。
　⑧間違えた理由を書き，正しい方法で解き直そう。また，間違えた問題はチェックしておこう。

３．実際は，こんなノートになります！
〈休み時間中に〉
①新しいページを開き，日付，ページ番号を書こう。
②補助線を引こう。
③問題は青ペンで囲もう。
④問題を解く上で，忘れていることや，大切なことを記入しよう。
⑤真っすぐな線は直線で！
⑥計算練習は縦に書こう。
⑦間違えた理由を書き，正しい方法で解き直そう。

4/9 (火) ...1

問題　3人の先生を身長の高い順に並べ，不等号を使ってあらわしなさい。

（自分）早川 < 阿部 < 石橋

（○○さん）阿部 < 石橋 < 早川

どっちが正しいだろう

評価　実際に，正しい身長を聞いてみよう。

練習問題 (1) 4+3×2　かけ算から先に計算！
　　　　　　　=7×2
　　　　　　　=14
　　　　　　（正）4+3×2
　　　　　　　　=4×6

　「教師の仕事」をシンプルにとらえると，私は「生徒の声に耳を傾けること」と「懸命に授業を構築すること」であると考えている。生徒との信頼関係を築き，生徒を知ることで，「『○○』と問うと，Ａさんが『△△』と反応するだろう」など，教師は前もって生徒の反応を予想できる。これは授業の準備としては欠かせないことである。学級に40人の生徒がいるならば，授業を構築する過程の中で，40人の生徒が登場することが理想である。当たり前ではあるが，授業は教師が一方的にすすめるものではなく，教師と生徒，生徒同士のやりとりの中でつくられるものである。そうだとすれば，生徒の声に耳を傾けることは，授業力向上には欠かせない。常に生徒の声に耳を傾けながら，授業で勝負ができる教師でありたい。

4 授業改善例4 「問題解決の授業」の日常化と私

赤本　純基（北海道教育大学附属釧路中学校）

❶「問題解決の授業」との出会い

　今年度，私は教職12年目を迎えた。恥ずかしながら，働き始めてから5年間は「問題解決の授業」を実践しようと思っていなかった。この間の自身の授業を振り返ると身の毛がよだつ。何度，生徒に「意味がわからない」「どうせできないし…」と感じさせてしまっていたことか。当時の私は，生徒が「とにかく問題を解けるようになりさえすればよい」と考えて授業を行っていたのである。その授業の流れはおおよそ，左の図の通りである。知識・技能面については，生徒は比較的できるようになると感じていた。しかし，生徒は「数学はノルマを達成しさえすればよい」と考えるようになり，数学の授業に受け身で臨むようになってしまっていた。当時は私自身，それでもよいと考えていた…。

【Before】
私の日常の授業　×
Ⅰ　課題を伝える
Ⅱ　例題の解説をする
Ⅲ　練習をさせる
（Ⅱ，Ⅲを繰り返す）

　北海道教育大学附属釧路中学校に異動後，西村聡先生（現在，北海道教育庁留萌教育局）に出会い，授業について指導をいただいた。私の授業を参観後，西村先生から私への第一声は，「この授業やる必要があったの？」であった。ハンマーで頭を殴られたような感覚だった。西村先生に授業を観てもらうということで，何か特別な授業をしなくてはいけないと思い，とってつけたような教材を準備し，満を持して実践したのである。西村先生からは，「年に数回しか実践しないような特別な授業を，公立の先生は必要としていない。そして，頻度の少ない「問題解決の授業」の実践では，考える力が育たない。毎日の授業で考える力をつけられるような，本物の『問題解決の授業』ができる教師を目指しなさい。」と指導していただいた。

　負けん気が強い私は，それでも腑に落ちない状態でいた。「そんな授業を

毎時間していたら，時間が足りない。さっさと教えて練習させた方が力がつく」とさえ思っていた。悔しくて学習指導要領解説や中島健三先生の著書『算数・数学教育と数学的な考え方』を読み込んだ。今となっては，あのときに読み込んでよかった。どちらの本にも「問題解決の授業」を日常化する必要があるということが，明確に何度も書かれているではないか！「なんだ，私はこれまで日本の数学教師がつくりあげてきた『よい授業』について学ばずに，独りよがりの授業をしていたのか」と思い知らされた。数学の授業について，自らのリセットボタンを，自分自身で強く押した瞬間だった。それからは，何度も西村先生に授業を観てもらい「問題解決の授業」について，ひたすら学んだ。相馬先生の著書『数学科「問題解決の授業」』を何度も読み返し，右の図のような流れの授業を日常化するようになった。すると，生徒はだんだん「考えることが楽しい！」と声をあげるようになり，数学の授業に主体的に臨む姿となっていったのである。

【After】
　私の日常の授業
Ⅰ　問題を理解する
Ⅱ　予想する
Ⅲ　課題をつかむ
Ⅳ　課題を解決する
Ⅴ　問題を解決する
Ⅵ　練習をする
　授業の流れは上のⅠ～Ⅵを基本とするが，「いつでも」「必ず」というものではない。

❷「問題解決の授業」の日常化に向けて

　「問題解決の授業」を日常的に実践するようになってから4年目に，働きながら大学院で学ぶ機会をいただき，早勢裕明先生（北海道教育大学釧路校）のもとで学べることになった。「問題解決の授業」の日常化を目指して，「問題解決過程における『子供の停滞』を解消する方策に関する研究」という研究テーマについて，毎週夜遅くまで指導をいただいた。特に，毎回4～5つの具体的な授業実践について指導をいただいたことで，「問題解決の授業」を日常化するポイントを明確にすることができた。例えば，「相対度数のよさに気づき，それを用いて資料の傾向を説明することができる」という目標で，次ページの問題を提示して授業実践を行った。

【問題】

右の表は，⑰，⑱番バスの1週間の「白樺入口」から「釧路駅」までの所要時間を度数分布表にまとめたものである。

太郎さんが「白樺入口」でバスを待っていたところ，⑰番と⑱番のバスが同時にきた。太郎さんは，30分かからずに「釧路駅」に着きたいという。どちらのバスに乗ればよいだろうか。

⑰，⑱番バスの所要時間

所要時間（分）	⑰番 度数（台）	⑱番 度数（台）
以上　未満		
25〜30	16	36
30〜35	12	36
35〜40	4	36
40〜45	8	12
45〜50	0	0
計	40	120

早勢先生から，授業後に次のような内容の助言をいただいた。

△授業開始から20分経過時→「どのように求めればよいのだろう？」と発問して課題にしていたが，20分経過段階での課題の明確化は遅くはないか。また，16÷40や36÷120を確認したあとに，このように問いかけられてもはたして必要感はあるのか。例えば，次の①，②のような流れも考えられないだろうか。

① S1「合計が違うから台数を比べてもダメだ…」

T「2つの資料で全体の度数が異なるときには，どのように比べればよいのかな？」（課題の明確化，黄色板書）

② 個人思考時に机間指導で見つけたS2に「⑰0.4，⑱0.3」のみ板書させる。

T「S2さんは頭の中で何を考えたのかわかるかな？」

△釧路市内の小学校算数の教科書では，（割合）＝（比べられる量）÷（もとにする量）と書かれている。中学校の教師が，「小学校の教科書には，このようにかかれています」と話してあげることが，「中学校の数学の先生は算数の教科書についてもわかっているんだ」というメッセージを

生徒に伝えることができ，好影響を与えるのではないか。

　他にも多々助言をいただいた。このように，教材解釈をもとにした授業構想や具体的な指導法について，気になった場面の代案を教えてくださった。思い返せば，私はこうした授業公開をする機会が多かったように思う。教職12年目であるが，数えてみると多くの授業公開の機会をいただいていた。私は，「問題解決の授業」の日常化に向けて，自らの授業力を上げるために最も重要なことは，自らすすんで授業公開をすることと確信している。

　私は，授業力向上のために日常的にできる研修は次の2点と考えている。

- ・授業名人と呼ばれる先生の授業映像を観る。
- ・自分の授業映像や音声を視聴して振り返る。（授業音声をボイスレコーダーで録音し，通勤時に繰り返し聴くと，改善点が明確になった。）

❸よりよい「問題解決の授業」を蓄積するために

　私は数多くの授業を実践したり参観したりする中で，よりよい「問題解決の授業」を蓄積することが，喫緊の課題と受け止めている。

> ─〈よい授業　2つのポイント〉─
>
> 　Ⅰ　子供が主体的に取り組み，考え続けている授業
> 　Ⅱ　目標が適切に設定され，それが達成される授業　（相馬他，2016）

　現在，上に示した「よい授業」のポイントをもとに，釧路算数・数学教育研究会の先生方と毎月1回の公開授業研究会をしている。このポイントは，多くの先生方と共に授業改善をすすめる上で，授業観の共有につながり極めて有効と実感している。取り入れていただきたい。

※相馬一彦.『数学科「問題解決の授業」』. 明治図書. 1997
※相馬一彦・國宗進・二宮裕之編著.『理論×実践で追究する！数学の「よい授業」』. 明治図書. 2016
※赤本純基.「問題解決過程における『子供の停滞』を解消する方策に関する研究」. 日本数学教育学会誌. 第100巻第11号. 2018

5 授業改善例5 「問題解決の授業」への挑戦

小林 茂樹（札幌市立宮の丘中学校）

問題解決の授業は，「主体的・対話的で深い学び」を実現するための役割だけではなく，生徒及び教師にとって「楽しい数学の時間」をつくる役割も担っていると日々実感している。しかし，納得のいく問題解決の授業の実現は難しく，失敗の連続である。私が授業改善を図るために初任からの4年間で取り組んできたことを振り返ってみる。

❶先輩教師から学ぶ

私は，同じ中学校に勤務していた先輩教師からたくさんのことを学んできた。その中から中学校1年「文字式の導入」の授業を例に，私が先輩教師の授業を観て学んだことを2つ紹介する。

⑴ なぜその問題なのか？

はじめに，提示された右の問題の意図について考え，100軒という数値に着目した。

この授業では，「式をつくって求めよう」が課題である。それを生徒の思考から引き出すためには，10軒では足りない。なぜならば，ノートに家をかいてマッチ棒を数えれば問

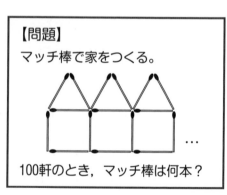

【問題】

マッチ棒で家をつくる。

100軒のとき，マッチ棒は何本？

題は解決され，意図する課題は生まれないからである。30軒や50軒ならどうだろうか。10軒に比べ，より意図する課題が生じやすくなるが，問題を解決する際に式の計算が面倒である。これでは，教師が意図しないところで生徒のつまずきが生じてしまう。これらのことから，100軒という数値は，生徒から課題を引き出し，問題を解決するために適切であると考えた。

次に，形に着目した。教科書や本などでは，正方形や正三角形を並べてつくる問題がよく見られる。しかし，先輩教師はあえて家の形を提示した。家の形にしたことにより，生徒はいろいろな考え方で式をつくった。

（その1） $6 \times 100 - 99$ 　　（その2） $5 \times 99 + 6$

（その3） $5 \times 100 + 1$ 　　（その4） $3 \times 100 + 2 \times 100 + 1$

　（その4）の式は，正方形や正三角形を並べる問題とは違って，この問題特有の考え方である。実際の授業では，生徒からは「なるほど！」「そういうことか！」などの声があがり，主体的に本時の目標に迫る姿が見られた。問題を工夫することで，本時の目標の達成度は大きく変わる。だからこそ，問題づくりに励むことが大切だと感じた。

(2) 何のために，どこでどんな発問をするのか？

　学習の主役は生徒であっても，授業の目標に向かう指導を行うのは教師である。つまり，教師が指導力を発揮してこそ，生徒が主体的に本時の目標を達成することができる。その中でも，特に教師の発問は大きな役割を担っている。そこで，教師の発問に着目し，授業の流れに沿って先輩教師の発問と，その発問の意図を整理した。

授業の流れ	先輩教師の発問	発問の意図
問題の提示	「求められるだろうか？」	生徒の意欲を喚起する
予想	「なんか計算するの？」	生徒に見通しをもたせる
課題提示	「みんな何考えているの？」	課題の明確化
課題解決	「いくつか考え方あるの？」	多様な見方・考え方を誘発
	「何か困ったことはある？」	つまずきを生かす
	「この式の○○って何のこと？」	つくった式を説明させる
問題解決	「いつでも求められそうか？」	一般化
	「a 軒だったら？」	文字式を考えさせる
練習	「数を文字に変えて考えられるかな？」	追求意欲を高める

教師が授業の目標に向かう指導を行うといっても，教師が一方的に方向を
おしつけるのではない。「なんか計算するの？」からわかるように，生徒の
中から教師が意図する方向を見つけ出し，それを全体で共有し，本時の目標
を主体的に達成させる発問が大切であることに気づかされた。

　また「何か困ったことはある？」の発問は，あえてつまずいた生徒から途
中までの式（6×100）を引き出している。教師が説明して終わりではなく，
途中までの考えをきっかけとして「多く数えている！」「ひいた方がよさそ
うじゃない？」「あ，そうか！」などの生徒同士の対話を生み出すために，
意図的に発問していることがわかった。

　「何か困ったことはある？」は，課題を明確化する意図で，課題提示の際
にも使われることがあるだろう。先輩教師は，生徒の実態や単元の特質に応
じて計画的に言葉を取捨選択し，発問していた。先輩教師と私自身の授業を
比較しながら自分の発問を振り返ることは，授業改善の大切な視点であると
感じている。

　今日，様々な本でたくさんの事例が紹介されているが，身近な先輩教師と
対話しながら学んでいくことで，はじめてそこに書かれている行間が読めた
り，記述されていないことを学んだりすることができた。今後も先輩教師か
ら学ぶ姿勢を大切にし，授業改善へつなげていきたい。

❷実践研究を通して学ぶ

　自ら実践研究を積み上げていくことも，授業改善のために大切であると感
じている。私は「教科書で教える問題解決の授業」というテーマで実践研究
を行い，北海道算数数学教育研究大会で発表したことがある。文献や先行研
究を参考にして教科書の活用の仕方をまとめ，それらを授業で実践しつつ，
教科書の効果的な活用を検証した。この実践研究は，問題解決の授業の中で
どのように教科書を活用するか悩んだことをきっかけに始めたものであった。
自分が今一番必要だと思うことについて，実践研究を通して追求することは
授業改善の大きな糧となった。

(1) 様々な文献に触れる

　実践研究を通して本や先行研究に触れる機会が圧倒的に増えたことで，授業づくりの視点や考え方の幅が広がった。恥ずかしながら，研究をするまでの私は，授業の終末でしか教科書を開いていなかった。研究をすすめる中で，次のような教科書の活用の仕方があることがわかった。

ア　問題提示としての活用		イ　確認としての活用
ウ　ヒントとしての活用		エ　別解としての活用
オ　例示としての活用		カ　まとめとしての活用
キ　練習としての活用		ク　宿題としての活用

　「こんなに教科書を活用できるのか」と感銘を受けた。実践だけで経験値を積み上げても，授業は改善されない。様々な文献には，授業を改善するヒントが隠れている。視野を広げ，授業を論理的に分析し，実践と反省を繰り返すことが授業改善への近道であると感じている。

(2) 観てもらうことを通して

　私は，最低でも年に1回は実践研究の発表の場をつくり，様々な方から助言や指導をいただいている。研究の実践や日々の授業の取り組みを他の先生方から評価していただくことで，客観的に自分の成果や課題が見えてくる。それをもとに，また新たな目標を掲げて授業を改善していく。その繰り返しが自分の確かな授業力として培われていくと感じている。

　実践研究を通して，先生方や文献などの力を借りて，自分の授業を見つめ直すことができた。今後も引き続き実践研究に励みたい。

　私は問題解決の授業と出会い，継続的に実践してきたからこそ，すばらしい先輩教師や仲間に出会えたと実感している。授業改善にゴールはない。「主体的・対話的で深い学び」と「楽しい数学の時間」の実現のために，様々な人とのつながりを大切に，これからも授業改善に励んでいきたい。

【著者紹介】
相馬　一彦（そうま　かずひこ）
1954年生まれ，筑波大学附属中学校教諭を経て，現在，北海道教育大学教授（旭川校）

谷地元　直樹（やちもと　なおき）
1973年生まれ，旭川市立広陵中学校，当麻町立当麻中学校，剣淵町立剣淵中学校，北海道教育大学附属旭川中学校，旭川市立永山南中学校教諭を経て，現在，北海道教育大学准教授（旭川校）

「問題解決の授業」を日常化する！
中学校数学科の授業改善

2020年2月初版第1刷刊　　　　　©著　者　相　馬　一　彦
2021年1月初版第2刷刊　　　　　　　　　谷　地　元　直　樹
　　　　　　　　　　　　　発行者　藤　原　光　政
　　　　　　　　　　　　　発行所　明治図書出版株式会社
　　　　　　　　　　　　　http://www.meijitosho.co.jp
　　　　　　　　　　　　　（企画）木山麻衣子（校正）有海有理
　　　　　　　　　　　〒114-0023　東京都北区滝野川7-46-1
　　　　　　　　　　　振替00160-5-151318　電話03(5907)6702
　　　　　　　　　　　　　　　ご注文窓口　電話03(5907)6668
＊検印省略　　　　　　　　組版所　株式会社木元省美堂

本書の無断コピーは，著作権・出版権にふれます。ご注意ください。

Printed in Japan　　　　　　　ISBN978-4-18-318425-2
もれなくクーポンがもらえる！読者アンケートはこちらから